新能源汽车空调技术

主　编　张小龙　　王海峰
副主编　马德军
参　编　余鑫昌　　胡梦飞

电子工业出版社
Publishing House of Electronics Industry
北京·BEIJING

内 容 简 介

本书介绍了新能源汽车空调系统的原理、组成、检修及控制技术，旨在帮助读者深入了解并掌握新能源汽车空调系统的相关知识与技能。本书共分为五个项目，每个项目的内容紧密相连，逐步深入，既有理论知识的阐述，也有实践操作的指导，适合作为职业院校新能源汽车技术专业的教材或参考书。

通过本书的学习，读者将能够深入理解新能源汽车空调系统的工作原理，掌握检修技术，提高实际操作能力，为从事新能源汽车空调技术的相关工作打下坚实的基础。

未经许可，不得以任何方式复制或抄袭本书之部分或全部内容。

版权所有，侵权必究。

图书在版编目（CIP）数据

新能源汽车空调技术 / 张小龙，王海峰主编.
北京：电子工业出版社,2024.11. -- ISBN 978-7-121-49189-4
Ⅰ.U469.703
中国国家版本馆 CIP 数据核字第 2025MH4852 号

责任编辑：邢慧娟
印　　刷：中国电影出版社印刷厂
装　　订：中国电影出版社印刷厂
出版发行：电子工业出版社
　　　　　北京市海淀区万寿路 173 信箱　邮编：100036
开　　本：787×1092　1/16　印张：6.5　字数：158 千字
版　　次：2024 年 11 月第 1 版
印　　次：2024 年 11 月第 1 次印刷
定　　价：39.00 元

凡所购买电子工业出版社图书有缺损问题，请向购买书店调换。若书店售缺，请与本社发行部联系，联系及邮购电话：（010）88254888，88258888。

质量投诉请发邮件至 zlts@phei.com.cn，盗版侵权举报请发邮件至 dbqq@phei.com.cn。

本书咨询联系方式：qiyuqin@phei.com.cn。

前　言

随着全球能源结构的转型和环境保护意识的日益增强，新能源汽车作为绿色出行的重要载体，正以前所未有的速度在全球范围内普及。新能源汽车的快速发展不仅推动了汽车行业的深刻变革，也对传统汽车技术体系提出了全新的挑战。其中，新能源汽车空调系统作为车辆舒适性和能效性的关键组成部分，其技术创新与升级显得尤为重要。

在此背景下，我们编写了这本《新能源汽车空调技术》教材，旨在为广大读者提供一本系统、全面、实用的新能源汽车空调系统学习指南。本书紧跟新能源汽车技术发展的最新趋势，深入剖析了新能源汽车空调系统的基本原理、组成结构、工作特性及检修维护技术，力求让读者在掌握理论知识的同时，也能提升解决实际问题的能力。

在内容编排上，本书注重理论与实践相结合，既涵盖了热力学基础知识、汽车空调基础知识等理论内容，又详细介绍了新能源汽车空调制冷系统、供暖系统、通风系统及检修技术等实践内容。通过具体案例分析、实训任务和操作技巧讲解，读者可以深入理解新能源汽车空调系统的内在逻辑和运行规律，掌握故障诊断与排除的方法与技巧。

此外，本书特别注重知识的前沿性和实用性，以吉利帝豪EV450等新能源汽车为例，详细阐述了其空调系统的组成、工作原理和检修要点，使读者能够在实际工作中做到学以致用、举一反三。同时，书中融入了最新的技术标准、规范要求和安全操作指南，确保读者在掌握技术知识的同时，也能培养良好的安全意识和职业素养。

我们深信，通过本书的学习，广大读者将能够全面掌握新能源汽车空调系统的相关知识与技能，为新能源汽车行业的发展贡献自己的力量。同时，我们期待本书能够成为新能源汽车技术教育领域的一本经典教材，为培养更多高素质、高技能的新能源汽车技术人才贡献力量。

最后，我们要感谢所有参与本书编写、审校和出版工作的同仁们，是你们的辛勤付出和无私奉献，才使得这本书能够顺利面世。我们也期待广大读者能够提出宝贵的意见和建议，以便我们不断完善和优化教材内容，为新能源汽车技术的普及和发展做出更大的贡献。

目　　录

项目一　新能源汽车空调系统概述 1
　　新能源汽车空调系统介绍 2
项目二　新能源汽车空调制冷系统 5
　　一、空调的作用 5
　　二、热力学基础知识 6
　　三、汽车空调基础知识 12
　　四、汽车空调制冷系统的组成与工作原理 16
　　五、吉利帝豪EV450汽车的电动空调系统 31
　　六、项目实施 38
　　实训任务一　电动空调系统的认知 38
　　实训任务二　电动压缩机不工作的故障检修 39
项目三　新能源汽车空调供暖系统及检测 41
　　一、传统汽车空调供暖系统 42
　　二、新能源汽车空调供暖系统 47
　　三、PTC加热器 51
　　四、PTC加热器的特点和应用 52
　　五、吉利帝豪EV450汽车的空调供暖系统 53
　　实训任务一　空调PTC加热器控制器的检测 56
　　实训任务二　空调PTC加热器水泵的检测 60
　　实训任务三　空调暖风不热的故障检修 62
项目四　新能源汽车空调制冷系统检修 67
　　一、汽车空调制冷系统的检修工具与设备 67
　　二、制冷剂的性能要求与选择原则 72
　　三、汽车空调的维护保养 73
　　四、汽车空调制冷系统检修的常规操作 74
　　五、汽车空调制冷剂回收加注机的使用 77
　　六、汽车空调制冷系统的故障诊断与排除 80
　　复习题 83

项目五　新能源汽车空调通风系统 ········· 84
　一、汽车空调通风系统 ········· 84
　二、汽车空调通风系统的组成及工作原理 ········· 86
　三、汽车空调净化系统 ········· 87
　四、汽车空调配气系统 ········· 88
　五、吉利帝豪EV450汽车空调控制系统 ········· 90
　实训任务一　汽车空调鼓风机的检测 ········· 93
　实训任务二　汽车空调鼓风机及调速模块的更换 ········· 95
　实训任务三　汽车空调蒸发器温度传感器的检测 ········· 96

参考文献 ········· 98

项目一 新能源汽车空调系统概述

项目导入

汽车乘员舱空气调节装置简称汽车空调,是采用人为的方式对乘员舱的空气流量、温度、湿度、清洁度和气流速度等进行完全或部分的调节,为乘员创造出舒适的环境。汽车空调系统一般设置制冷系统、采暖系统、通风和空气净化系统、控制系统等子系统来达到上述目的。

在使用中,汽车空调系统可能出现不供暖、暖气不足、鼓风机不转、漏水、过热、除霜热风不足、加热器芯体有异味、制冷不足、完全不制冷等故障,既影响汽车空调系统的维护质量,又直接影响空调的性能。因此,本项目的目标就是在熟悉新能源汽车空调系统的组成、电路连接、工作原理的基础上,学会对常见的新能源汽车空调系统进行分析,学会对相关组成部件进行检测并判断部件的性能。在掌握上述知识和技能的基础上,能够对不同的新能源汽车空调系统的故障进行分析、判断、诊断和排除。

学习目标

❀ 知识目标层面

正确理解新能源汽车空调系统的特点。
正确理解新能源汽车空调系统与传统燃油汽车空调系统的区别。
正确理解新能源汽车空调系统的主要组成结构。

❀ 能力目标层面

能正确查阅、了解新能源汽车空调系统的相关资料。
能正确总结新能源汽车空调系统的特点。

❀ 素质目标层面

能够严格执行企业检修标准流程。
能够严格执行企业 6S 管理制度。
培养严谨求实的工匠精神、热爱劳动的好品质。

知识链接

新能源汽车空调系统介绍

1. 新能源汽车的定义

新能源汽车是指采用非常规的车用燃料作为动力来源（或使用常规的车用燃料、采用新型车载动力装置），综合车辆的动力控制和驱动方面的先进技术，形成的技术原理先进、具有新技术和新结构的汽车。新能源汽车包括纯电动汽车、增程式电动汽车、混合动力汽车、燃料电池汽车、氢燃料汽车等。

2020年11月，国务院办公厅印发《新能源汽车产业发展规划（2021—2035年）》，要求深入实施发展新能源汽车国家战略，推动中国新能源汽车产业高质量可持续发展，加快建设汽车强国。

2021年，全国新能源汽车产量为367.7万辆，比2020年增长152.5%，结束了连续3年的负增长。

2023年2月28日，国家统计局发布的《中华人民共和国2022年国民经济和社会发展统计公报》显示：2022年全国新能源汽车产量为700.3万辆，比2021年增长90.5%。

2023年，我国新能源汽车产量继续保持快速增长，产量为950.7万辆，比2022年增长35.8%，突破900万辆，市场占有率超过30%，汽车出口再创新高，全年出口接近500万辆。

2. 新能源汽车空调系统与传统燃油汽车空调系统的区别

新能源汽车是集汽车技术、电子技术、计算机技术、电化学技术、能源与新材料技术于一体的高新技术产品，与普通内燃机汽车相比，具有无污染、噪声低及节省石油资源的特点。因此，新能源汽车极有可能成为人类新一代清洁环保的交通工具，它的推广普及具有不可估量的重要意义。

汽车空调的功能就是把乘员舱的温度、湿度、空气清洁度及空气流动性保持在使人感觉舒适的状态。无论在何种气候环境条件下，汽车乘员舱都应保持舒适状态，以提供舒适的驾驶和乘坐环境。另外，拥有一套节能高效的空调系统对新能源汽车开拓市场也起到至关重要的作用。因此，在开发与研制新能源汽车的同时，必然也要对其配套的空调系统进行开发与研制。

传统燃油汽车空调系统的制冷主要采用发动机驱动的蒸汽压缩式制冷系统，而制热主要采用燃油发动机产生的余热。对于新能源汽车中的纯电动汽车及燃料电池汽车来说，由于没有发动机作为空调压缩机的动力源，也不能提供作为汽车空调冬天制热用的热源，因此无法直接采用传统汽车空调系统的解决方案；对于混合动力汽车来说，发动机的控制方式多样，故空调压缩机也不能采用发动机直接驱动的方案。综合以上原因，在新能源汽车的开发过程中，必须研制适合该类汽车的新型空调系统。

新能源汽车空调系统及车内环境主要有以下特点。

（1）汽车空调系统安装在运动的车辆上，要承受剧烈而频繁的振动与冲击，因此新能源汽车空调系统中的各个零部件具有减振动与抗冲击的良好性能。

（2）新能源汽车空调系统具有快速制冷、制热和低速运行能力。

（3）车上蓄电池提供直流电源，压缩机工作效率高，控制性及可靠性高，维护方便。

（4）汽车车身隔热层薄且门窗多，玻璃面积大，隔热性能差，致使车内漏热严重。

（5）车内设施高低不平且有座椅，气流分配组织困难，难以达到气流的均匀分布。

3. 纯电动汽车空调系统的重要组成部分

纯电动汽车空调系统与传统燃油汽车的基本相同，由压缩机、冷凝器、蒸发器、冷却风扇、鼓风机、膨胀阀和高低压管路附件等组成。不同之处在于，纯电动汽车空调系统用来工作的核心零部件——压缩机没有了传统燃油汽车的动力来源，所以只能通过纯电动汽车自身的动力电池来驱动，这就需要在压缩机里加装驱动电机，驱动电机与压缩机及控制器组合成为电动涡旋式压缩机（下简称电动压缩机），采用电动压缩机的空调称为电动空调，两者顺序表示时称电动空调压缩机，其他电动空调内组件采用类似称法。

4. 新能源汽车空调系统的能源消耗

新能源汽车的普及和推广是应对全球气候变化和能源危机的重要举措。然而，随着汽车电动化程度的提高，电池系统的能量消耗成为制约新能源汽车发展的重要因素之一。而空调系统作为新能源汽车中的重要设备之一，其对能源的消耗也是不可忽视的。因此，研究新能源汽车空调系统对能源消耗的影响，对于提高新能源汽车的能效性能具有重要意义。

新能源汽车空调系统的能源消耗影响主要来源于以下4个方面。

（1）高效能源利用。通过优化系统设计和采用节能技术，可以有效降低能源消耗。

（2）智能控制与调节。能够根据车内外温度、湿度和人员需求等变化因素进行精准调节，避免能源浪费，进而降低能源消耗。

（3）能量收集与再利用。能够利用车内外的热量进行能量收集和再利用，例如，利用车内的排气出口和车顶的太阳能进行热能收集，从而减少额外的能源消耗。

（4）空气质量管理。通过高效的过滤和循环系统，保持车内空气质量，并避免频繁开启和关闭空调系统，进一步降低能源消耗。

新能源汽车空调智能控制系统的关键技术不断涌现，不仅提高了能效，还实现了更智能的温度控制和个性化的驾驶体验，主要体现在以下4个方面。

（1）节能模式。设计节能模式是优化新能源汽车空调系统的重要策略之一。通过研发智能控制算法，空调系统可以根据环境温度、车内人员需求和车辆运行状态等因素，自动调整工作模式和参数设置。例如，在低温环境下，空调系统可降低制冷功率，减少能源消耗；在高温环境下，空调系统可采用循环风模式，减少对外界的冷空气损失，从而提高能源利用效率。

（2）智能控制算法。使用智能控制算法是降低新能源汽车空调系统能源消耗的关键。

通过车辆内部的智能传感器和数据分析算法，空调系统可以实现对车内外环境的实时监测和精准调节。例如，通过预测车辆行驶路线和外界气温变化，空调系统可以提前调整工作模式，减少能源浪费；通过智能风量控制和温度分区调节，空调系统可以根据乘员的实际需求进行精细化调节，避免不必要的能源消耗。

（3）结构优化和材料创新。通过结构优化和材料创新，可以有效降低新能源汽车空调系统的能源消耗。例如，采用高效的压缩机、换热器和风机等核心部件，减少汽车的自重和能量损耗；采用优质的隔热材料和密封材料，降低系统的散热损失和制冷功率，提高系统的整体效率和稳定性。

（4）智能预冷预热技术。发展智能预冷预热技术是降低新能源汽车空调系统能源消耗的创新方向之一。利用车载电池系统提前对车内空间进行预冷或预热，可以减少车辆启动后空调系统的工作时间，从而降低能源消耗。例如，在夏季低峰用电时段，利用车载电池系统储存的电能对车内进行预冷，减少高峰时段的能源消耗；在冬季高峰用电时段，利用车载电池系统储存的电能对车内进行预热，减少高峰时段的能源消耗。

新能源汽车空调系统在提高乘坐舒适性的同时，也对能源的消耗产生了一定影响。通过优化空调系统的设计和控制策略，可以有效降低能源消耗，提高新能源汽车的能效性能，为新能源汽车的发展和普及做出重要贡献。随着技术的不断进步和创新，相信新能源汽车空调系统的能源消耗将得到进一步的降低，推动新能源汽车行业的持续发展。

项目二 新能源汽车空调制冷系统

项目导入

一辆 2018 款吉利帝豪 EV450 汽车出现空调系统不制冷、电动压缩机不工作的故障。

你知道新能源汽车电动空调系统的工作原理吗？请你对汽车空调系统不制冷、电动压缩机不工作的故障现象进行诊断与排除，并对电动压缩机总成进行更换。

学习目标

✿ 知识目标层面

掌握汽车空调系统的基础知识。
掌握吉利帝豪 EV450 汽车空调系统的组成和工作原理。
掌握吉利帝豪 EV450 汽车空调系统常见故障检修。

✿ 能力目标层面

能正确认知吉利帝豪 EV450 汽车空调系统的各组成部件。
能正确画出吉利帝豪 EV450 汽车空调系统原理图，查阅空调系统电路图。
能正确对吉利帝豪 EV450 汽车空调系统常见故障进行诊断与排除。

✿ 素质目标层面

能够严格执行企业检修标准流程。
能够严格执行企业 6S 管理制度。
培养严谨求实的工匠精神、热爱劳动的好品质。

知识链接

一、空调的作用

汽车为什么需要空调？对于汽车而言，乘员舱是驾乘人员活动的空间，驾乘人员对乘员舱内空气的温度、湿度、洁净度及流动速度和方向等有舒适性需求。然而，汽车在道路上行驶时，驾乘环境受外界环境的影响很大，如高温、暴晒、低温、潮湿、灰尘等均会导致乘员舱空气质量变差，影响驾乘人员的舒适性和行车的安全性。为了确保驾乘人员获得舒适的驾乘环境，需要采用人工方式对乘员舱内空气的温度、湿度、洁净度及流动速度和方向等进行调节，这就需要空调（空气调节器的简称）来完成。

温度是空气舒适度最重要的指标，研究表明，20～28℃是人体感到最为舒适的温度，温度超过28℃，人就会觉得燥热。温度越高，人越容易出现头昏脑胀、注意力下降、反应迟钝等现象，因而容易造成事故。超过40℃的温度被称为有害温度，会对身体的健康造成损害。温度低于14℃，人就会感觉到"冷"，温度越低，越觉得手脚僵硬，不能灵活操作。

湿度是空气舒适度第二个重要的指标。湿度指空气中所含水蒸气量的多少，有绝对湿度与相对湿度之分。绝对湿度指在某一温度下单位体积空气中所含水蒸气的质量，其单位是kg/m³。相对湿度指单位体积空气中所含水蒸气质量与同温度时饱和水蒸气质量之比。在夏季相同的温度情况下，湿度大的空气环境会让人觉得更闷热。这是由于人体皮肤表面的汗液不易蒸发排放，影响人体的散热。相反，环境空气的湿度太小，人的皮肤会干燥，这是干燥的皮肤表面和衣服摩擦产生静电的缘故。人体感觉相对舒适的空气湿度（相对湿度），在夏季为60%～70%，在冬季为50%～60%（北方地区稍低）。

洁净度是空气舒适度的第三个指标。由于车内空间小、乘员密度大，以及周边其他车辆产生的废气和道路上的粉尘都容易进入车内，造成车内空气污浊，影响乘坐的舒适性。因此，汽车空调不仅需要具有补充足够新鲜空气的功能，还需要具有对空气进行过滤、吸附的功能，以保证车内空气的洁净度。

空气的流动速度和流动方式是空气舒适度的第四个指标。实验表明，头部的舒适温度比足部的要低1.5～2℃，因此，空气流动方式要形成上凉下暖的环境。为了保持人体舒适，要保证空气的更换速度，这体现在两个方面：一是车内外空气的交换速度，即引入车外新鲜空气的比例，车外新鲜空气进入量的多少由新鲜空气阀开度的大小来控制；二是车内空气的流动速度，车内空气的流动速度会影响车内温度，其主要由出风口的位置、出风方向、鼓风机转速等来决定。

除此以外，现代汽车空调系统还需具备除雾、除霜等附加功能。

二、热力学基础知识

汽车空调系统对乘员舱温度进行调节的主要手段是制冷与制热。制冷是不断地把乘员舱的热量转移到车外空气中，并在所需要的时间内保持车内空气处于某一舒适的温度，制热与之相反。要了解汽车空调系统制冷的工作原理与工作过程，需掌握一定的热力学基础知识。

1. 热力学基本定律

（1）热力学第一定律。

热力学第一定律称为能量守恒与转换定律。自然界的一切物质都具有能量，能量不能消失，也不能创造，它只能从一种形式转换为另一种形式，或由一个系统传递给另一个系统，在转换与传递的过程中，能量的总量不变。制冷系统可视为一个封闭的热力系统，输入机械功高温热源E_0把热量Q_2从被冷却对象（低温热源）传递到环境介质（相对高温热源），环境介质得到热量Q_1，遵循热力学第一定律，即$E_0+Q_2=Q_1$，如图2-1所示。

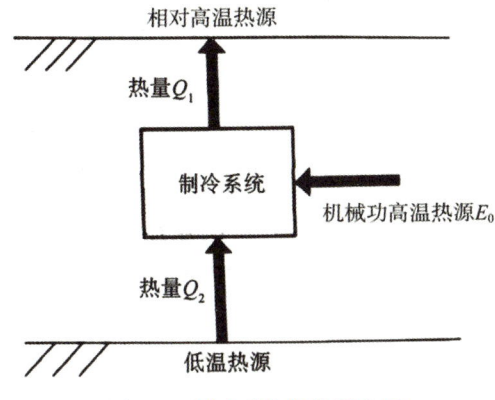

图 2-1　制冷系统的能量守恒

（2）热力学第二定律。

热力学第二定律可以表述为热量可以自发地由高温物体传递给低温物体，但不可能自发地由低温物体传递给高温物体，除非有补偿过程伴随。从图2-1中可以看出，低温热源能量品位低，相对高温热源（环境介质）能量品位高，热量不会自发地由被冷却对象传递给环境介质。制冷系统将Q_2的热量从被冷却对象传递给环境介质，必须有补偿能量伴随（机械功高温热源E_0）输入。衡量制冷系统性能的重要指标是制冷系数（Coefficient Of Performance，COP），它表示消耗单位机械功带走的热量，在讨论环境中的制冷系数为2.5～5。

2. 热力状态参数

在热力系统中，用来实现能量转换的物质称为工质。工质都有一定的状态，决定工质状态的物理量称为工质的热力状态参数。温度、压力和比容与密度这三个参数可确定工质的状态，称为工质的基本状态参数，除了这三个基本状态参数，还有焓、熵和内能状态参数。

（1）温度。温度是表示物体冷热程度的物理量，温度的数值表示方法称为温标，常用的温标有摄氏温标和热力学温标。摄氏温标用符号t表示，单位为℃，定义一个大气压下冰和水的混合物温度为0℃，一个大气压下水的沸点为100℃。将0～100℃划分100等份，则每1等份为1℃。热力学温标用符号T表示，单位为K。定义0K为−273.15℃，叫作绝对零度，每1K的大小与摄氏温标相等。热力学温标T与摄氏温标t的关系如下：

$$T(K)=t+273.15(℃)$$

（2）压力。压力指均质的液体或气体对其容器壁的单位面积上的垂直作用力，用符号p表示，压力的计量单位为帕（Pa），$1Pa=1N/m^2$，由于Pa较小，常用kPa、MPa。压力的工程单位还有千克力/平方厘米（kgf/cm²）、巴（bar）、标准大气压（atm）、毫米汞柱（mmHg）、磅/平方英寸（PSI）等，压力单位的换算关系见表2-1。

表2-1　压力单位的换算关系

atm	Pa	MPa	kgf/cm²	bar	PSI
1	101 325	0.101 325	1.033 2	1.013 25	1.469 5

压力可分为绝对压力和相对压力。绝对压力指容器内工质的实际力，相对压力指容器内工质与大气压力之差。相对压力高于大气压力的部分称为表压力，低于大气压力的部分称为真空压力。绝对压力、表压力和真空压力之间的关系如图2-2所示。

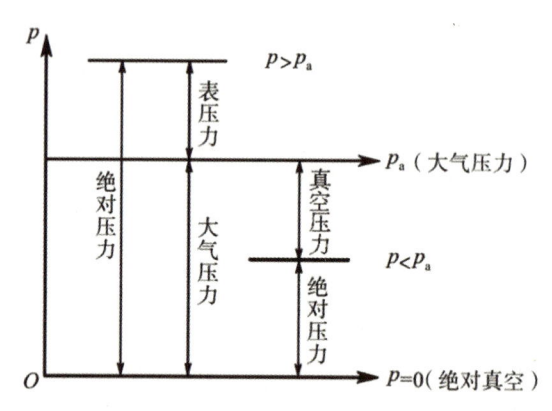

图2-2　绝对压力、表压力和真空压力之间的关系

（3）比容与密度。比容与密度是反映工质分子聚集疏密程度的物理量。比容表示单位质量的工质所占体积，用符号v表示，单位为m^3/kg。密度表示单位体积工质质量，用符号ρ表示，单位为kg/m^3。比容与密度互为倒数。在相同温度下，压力越大，工质的密度越大，比容越小。

（4）焓。焓（H）是工质在系统中所具有的内能和压力位能（推动功）之和，即$H=U+pV$，单位为kJ。比焓表示单位质量工质所具有的焓值，用符号h表示，单位为kJ/kg（或kcal/kg）。在制冷循环中，工质从一个状态变化到另一个状态，所做的功和交换的热量用这两个状态的焓差表示即可。

（5）熵。熵表示工质状态变化时热量传递的程度，用符号S表示，单位为J/K。单位质量工质的熵叫作比熵，用符号s表示，单位为J/（kg·K）。在制冷循环中，压缩过程通常简化成等熵压缩过程。

3. 热量与比热容

（1）热量。热量表示物体吸收或放出热能的多少。热量的单位通常用卡（cal）或大卡（kcal）表示。1kcal是使1kg纯水温度升高1℃所吸收的热量。法定计量单位为焦耳（J）、千焦耳（kJ），1kcal=4.2kJ。

（2）热量传递方式。热量可从高温处向低温处传递，其传递方式有传导、对流和辐射三种，如图2-3所示。热传导是热量在物体内部从高温端向低温端直接传递的传热方式。容易传递热量的材料称为热导体，而有些材料不容易使热通过，如石棉、泡沫等，称为绝热体。热对流是在温度不同的流体中，各部分之间发生相对位移，使冷热流体互相掺混引起的热量传递方式。热辐射是发热源直接向其周围的空间散发热量，通过辐射波将热量传递给其他物体的传热方式。

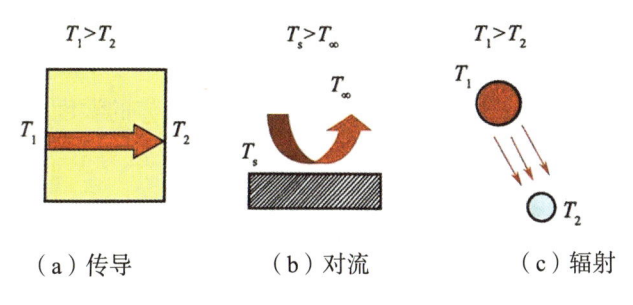

（a）传导　　　　　（b）对流　　　　　（c）辐射

图 2-3　热量传递的方式

（3）比热容。当物体温度发生变化时，所吸收或放出的热量与其温度变化、质量、材料的性质等有密切关系。我们把1kg物体温度升高或降低1℃时所吸收或放出的热量，叫作比热容，常用符号c表示，单位是kJ/（kg·K）或kcal/（kg·K），不同物体的比热容数值不同。

4. 汽化与冷凝

工质有固态、液态和气态三种相态，在一定条件下，可以从一种相态转变为另一种相态，并伴随吸热或放热过程，如下面讲述的汽化和冷凝。

（1）汽化。工质在一定条件下由液态转变为气态，称为汽化。汽化有两种方式——蒸发和沸腾。蒸发只在液体表面进行，液体在任何温度下都能够蒸发，液体的温度越高、液体表面积越大、表面空气流速越大、表面上的压力越小，则蒸发进行得越快。所有液体在蒸发过程中都要吸收热量。

如果对液体加热或降低液体表面压力，当其达到一定温度或压力数值时，液体内部便产生大量气泡，气泡上升至液面破裂而放出蒸汽，这种在液体表面和内部同时进行剧烈汽化的现象叫作沸腾。液体在沸腾过程中同样要吸取热量，要保持其温度不变使沸腾持续进行，必须不断地从外界补充热量。

在某一压力下，液体沸腾时的温度叫作沸点或饱和温度，常用t_b表示，而对应的压力叫作饱和压力，常用p_b表示。在一个标准大气压下，不同物质的液体的沸点见表2-2。

表 2-2　不同物质的液体的沸点

液体名称	沸点/℃	液体名称	沸点/℃
水	100	R12	−29.8
乙醇	78	R134a	−26.15
氨	−33.4	二氧化碳	−78.3

水的沸点和饱和压力曲线如图2-4所示，水在一个标准大气压下的沸点为100℃，在0.5bar压力下的沸点约为80℃。随着压力降低，液体的沸点也随之降低。

在一定压力下，对饱和液体继续加热，饱和液体将在温度不变的情况下汽化，最后全部汽化为饱和蒸汽，此时饱和蒸汽称为干饱和蒸汽或干蒸汽。如果对干饱和蒸汽再继续加热，那么它的温度又逐渐升高，这时的蒸汽称作过热蒸汽。过热蒸汽与干饱和蒸汽的温度差叫过热度。例如，在压力不变的情况下，把100℃的干饱和蒸汽加热成110℃的过热蒸汽，那么其过热度为10℃。

同样，在一定压力下，对饱和液体进行冷却，饱和液体的温度将下降变成过冷液体，通常把饱和液体与过冷液体的温度差叫过冷度。例如，在压力不变的情况下，把100℃的饱和液体冷却成90℃的过冷液体，那么其过冷度为10℃。

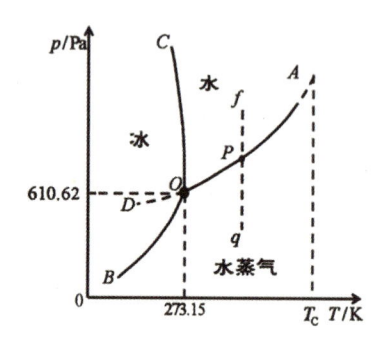

图 2-4　水的沸点和饱和压力曲线

（2）冷凝。如果对饱和蒸汽进行冷却，使其温度下降到饱和温度以下，饱和蒸汽将逐步从气态转变为液态，这一相态变化过程叫冷凝，所放出的热量称为冷凝热。

在一定压力下，把液体从常温加热到沸腾之前，这部分热量明显地用来提高了温度，它是可以直接从液体本身去测量的，这部分热量叫作显热。对饱和液体持续加热等温汽化为饱和蒸汽的过程中，饱和液体所吸收的热量仅改变了相态，不能从液体本身去测量，这部分热量称为潜热。工质相态变化的显热、潜热与热量、温度的关系如图2-5所示。通常把在一定压力下，1kg液体转变为同一温度的蒸汽所吸收的热量叫作汽化潜热，常以r表示，单位为kJ/kg。汽化潜热的数值，取决于液体本身的性质和液体汽化过程的压力、温度。如水在1个大气压力下的汽化潜热为2286kJ/kg，而在10个大气压力下时为2024kJ/kg。由于冷凝与汽化是两个相反的过程，所以液体在汽化过程吸收的汽化潜热在数值上等于其蒸汽冷凝过程所放出的冷凝热。

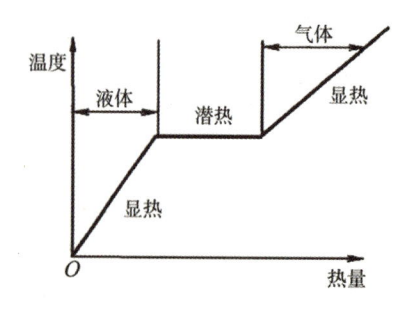

图 2-5　显热、潜热与热量、温度的关系

5. 制冷工质压-焓图及其应用

工质的相态变化及其热力学过程可以用 p-v 图、T-s 图或 p-h 图（压-焓图）来表示。制冷工质的汽化和冷凝过程都是在等压条件下进行的，这个等压过程在 p-h 图上是一条水平直线，图形简单，因此 p-h 图在制冷工程上经常被采用。同时，工质热力学过程（如绝热压缩和节流过程）的压力、温度和焓的数值都能够直接从坐标图中读得。为了缩小图的尺寸，适合工程应用，纵坐标以压力的对数值 lgp 绘制，因此 p-h 图也称作 lgp-h 图。

如图 2-6 所示，lgp-h 图可以概括为"一点两线三区五态六参数"，图上的任意一点都给出了该点工质的状态及其状态参数值，方便我们对制冷循环进行分析与计算。

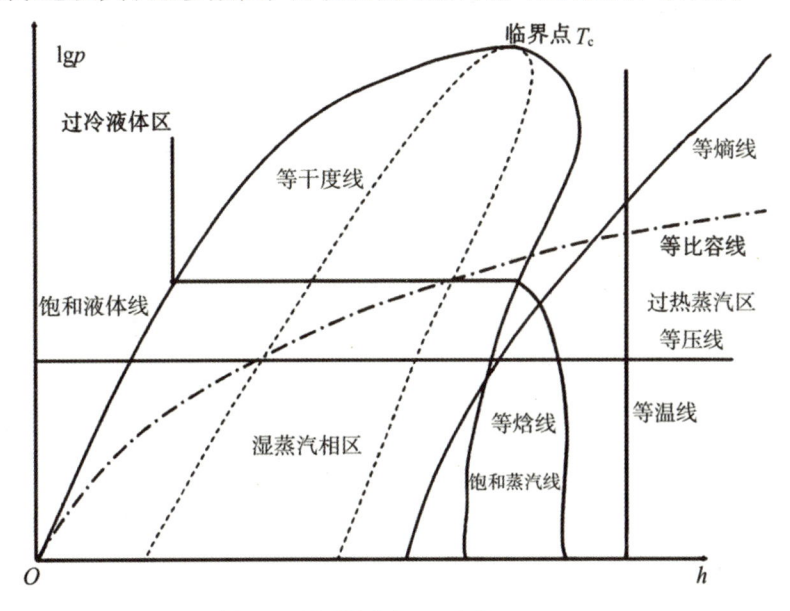

图 2-6 压-焓图（lgp-h 图）

（1）一点：临界点 T_c。随着压力升高，当压力达到某一定值时，工质的饱和液体线和饱和蒸汽线交会，交会点称为临界点，该点瞬间完成汽化。临界点压力称为临界压力，临界点温度称为临界温度。水的临界压力为 22.115MPa，临界温度为 374.12℃。

（2）两线：饱和液体线与饱和蒸汽线。饱和液体线上的工质全部为饱和液体，干度为 0%；饱和蒸汽线上的工质全部为饱和蒸汽，干度为 100%。

（3）三区：液相区、湿蒸汽相区和汽相区。饱和液体线的左侧为液相区（过冷液体），饱和液体线与饱和蒸汽线之间为饱和液体与饱和蒸汽共享的湿蒸汽相区，随着不断吸收热量，饱和液体减少，饱和蒸汽增加，干度增大。饱和蒸汽线的右侧为汽相区（过热蒸汽）。

（4）五态：过冷液体、饱和液体、湿蒸汽、饱和蒸汽和过热蒸汽。

（5）六参数（曲线）：等焓线、等压线、等干度线、等熵线、等比容线和等温线。

三、汽车空调基础知识

1. 汽车空调制冷循环

汽车空调制冷循环属于单级蒸汽压缩式制冷循环，主要包括压缩、冷凝、节流和蒸发四个过程，利用制冷剂蒸发从车内空气吸收热量，再通过冷凝向车外空气释放热量。

（1）单级蒸汽压缩式制冷系统的制冷循环（见图 2-7）假定：压缩过程为定熵过程，冷凝和蒸发过程均为定压过程，离开蒸发器进入压缩机的制冷剂为蒸发压力下的饱和蒸汽，离开冷凝器进入膨胀阀的制冷剂为冷凝压力下的饱和液体；节流过程为绝热过程，无热损失和流动阻力损失。

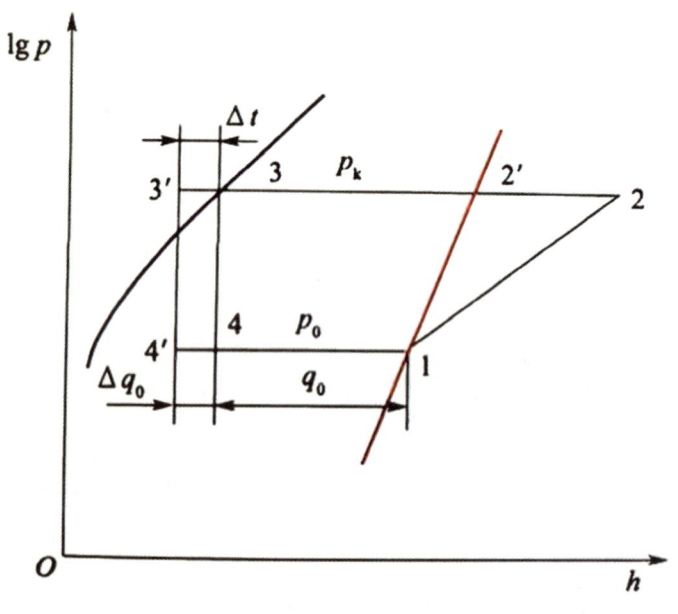

图 2-7 制冷循环

① 压缩过程1→2：制冷剂从干饱和蒸汽状态1被压缩机吸入，压缩机消耗机械功W_0，将制冷剂等熵压缩至过热蒸汽状态2。制冷剂压力由初始状态p_0（低压）升高至p_k（高压）；温度由t_0（低温）升高至t_2（高温）。

② 冷凝过程2→3：制冷工质由过热蒸汽状态2进入冷凝器，在冷凝器中放出热量被冷却至饱和蒸汽状态2'，制冷工质在冷凝器中由饱和蒸汽状态2'继续放出热量，冷凝至饱和液体状态3。在此过程中，制冷工质压力不变，温度由t_2（高温）降低至t_3（p_k压力下制冷工质的饱和温度t_k）。

③ 节流过程3→4：状态3饱和液体制冷剂进入膨胀阀，经膨胀阀节流降压，压力由p_k迅速下降为蒸发压力p_0，温度下降为蒸发温度t_0，制冷剂变成湿蒸汽状态4。此过程中"闪变"的干饱和蒸汽越多，制冷剂能吸收的热量就越少，制冷效率就越差。

④ 蒸发过程4→1：节流降压后的制冷剂以湿蒸汽状态4进入蒸发器，在蒸发器中等压

（p_0）吸收被冷却物质的热量，变成干饱和蒸汽状态1，制冷剂干饱和蒸汽将重新被压缩机吸入，开始下一轮制冷循环。

（2）蒸汽压缩制冷循环理论假定：压缩过程为定熵过程，制冷剂的吸热和放热都在无温差的条件下进行，制冷循环过程无热损失、无流动阻力损失等。这些假设在实际制冷循环中是不可能实现的，并且为了减少制冷剂的节流损失，提高制冷循环的经济性和确保压缩机的"干压"，实际制冷循环为冷凝过冷循环和蒸发过热循环。

① 冷凝过冷循环：冷凝过冷循环指制冷剂冷凝结束，进入膨胀阀前是过冷液体的循环，如图2-7中的3'—3段所示。过冷度Δt可通过设计冷凝器冷凝面积大于所需冷凝面积以提高冷凝器制冷剂流量或采用低温制冷剂等方法实现，一般选择过冷度为3～5℃的制冷剂。从图中可以看出，在冷凝过程中制冷剂过冷度减少了节流降压后制冷剂的干度，使得制冷剂在蒸发过程的吸热量增加了Δq_0，总制冷量增大。另外，过冷度降低了节流前后制冷工质的温差，有利于减少节流损失。

保持冷凝器散热片的平行度，保持通风空隙均匀；保持冷凝器散热片的洁净；保持冷凝器散热风扇的正常工作，均可使冷凝器出口处的制冷剂产生一定的过冷度，提高制冷效果。

② 蒸发过热循环：蒸发过热循环指制冷剂蒸发结束，压缩机吸入的为过热蒸汽的过程，一般过热度选择3～7℃。蒸发过热循环主要是为了保护压缩机"干压"，防止吸入液态制冷剂。"过热"分为有效过热和有害过热两种。"过热"所吸收的热量来自被冷却对象，产生了有效的制冷效果，这种"过热"称为有效过热，有效过热可以通过增大蒸发器的蒸发面积来实现。有效过热使得制冷剂在蒸发过程中的吸热量增加了Δq_0，但同时也增加了压缩机机械功，对制冷系数的影响因制冷剂的不同而不同。

反之，若过热吸收的热量来自被冷却对象之外，没有产生有效的制冷效果，则称为"有害过热"，它使制冷循环的制冷系数减小，对制冷循环不利。有害过热主要在蒸发器出口到压缩机进口的这段低压管路中产生，给这段低压管路包裹绝热材料可有效避免产生有害过热。

③ 蒸发温度的影响：在实际制冷循环中，为了确保制冷剂在蒸发过程中能从被冷却物质中吸收热量，蒸发温度应远低于被冷却物体的温度。汽车空调制冷系统蒸发温度t_0=5℃，蒸发温度取决于蒸发压力。以R134a制冷剂为例，将蒸发压力控制在0.35MPa，此时蒸发温度t_0=5℃。蒸发温度降低，制冷量减少，制冷效率会显著降低。在汽车空调的制冷循环中，如果出现蒸发器表面脏堵、结霜、鼓风机运转不正常、制冷剂不足、膨胀阀开启过小或出现冰堵、低压管路堵塞等情形，均会使蒸发温度降低，制冷效果变差。

④ 冷凝温度的影响：在实际循环中，为了确保制冷剂在冷凝过程中的热量能被环境介质带走，冷凝温度应远高于环境空气的温度。汽车空调制冷系统冷凝温度为t_k（t_k=环境温度+15℃），冷凝温度取决于冷凝压力。以R134a制冷剂为例，当环境温度为32℃时，则冷凝温度为t_k=47℃，查R134a制冷剂热力性质表，控制制冷系统的冷凝压力为1.22MPa，可得到47℃的冷凝温度。冷凝温度升高，制冷量减少，压缩机机械功增加，制冷效率会显著降低。在汽车空调的制冷循环中，冷凝器表面的脏堵、冷凝风扇运转不正常、制冷剂过量、

膨胀阀开启过大、高压管路堵塞、系统中有空气等均会使冷凝温度升高，制冷效果变差。

2. 制冷剂

制冷系统中的工质称为制冷剂，它是在制冷系统中循环且不断产生相态变化进行热量传递的物质。对制冷剂的要求：易凝结，冷凝压力不要太高；在标准大气压下，蒸发温度较低，单位容积制冷量大，汽化潜热大，比容小；无毒，不燃烧，不爆炸，无腐蚀，且价格低。过去的汽车空调系统曾使用R12作为制冷剂，现在汽车空调制冷系统主要使用R134a作为制冷剂。

（1）R12是一种氟氯碳氢化合物（CFC），俗称氟利昂。R12无毒、不易燃烧、不易爆炸、不易挥发，热稳定性好。R12冷凝压力小（1.5~2.0MPa），在标准大气压下R12的沸点为-29.8℃，凝固点为-158℃，能在低温下正常工作，节流损失小，有较大的制冷系数。单从制冷性能、成本方面考虑，R12是一种受厂家欢迎的制冷剂。但在20世纪70年代，CFC被发现是破坏大气臭氧层的主要因素之一，R12的臭氧衰减系数（Ozone Depletion Potential，ODP）较高（ODP=0.9），温室效应指数（Global Warming Potential，GWP）为1430，因而逐渐被淘汰。

（2）R134a（四氟乙烷）是一种氢氟烃，它不像R12那样含有氯原子，故不会对臭氧层产生危害（ODP=0），但仍然会产生温室效应（GWP=1430）。在标准大气压下，R134a的沸点为-26.5℃，凝固点为-101.6℃，热力学性质与R12接近。R134a无色，有轻微的乙醚味道，吸湿性比R12强。但是，R134a会腐蚀铜质密封部件，因此，绝不允许在R12制冷系统内使用R134a，否则该密封系统等将很快损坏。R134a与矿物油不相容，故制冷系统需采用多元醇酯类合成润滑油（PAG）。R134a毒性非常低、不燃烧、不爆炸，是很安全的制冷剂，但它不能接触明火，否则会产生具有高刺激和预警作用的分解产物。R134a的制造原料贵、工艺复杂，还要消耗大量的催化剂，故价格较高。R134a与R12的热物理特性对比见表2-3，它们的沸点与饱和压力对应关系见表2-4。

表2-3 R134a 与 R12 的热物理特性对比

制冷剂名称	R134a	R12
化学式	CH_2FCF_3	CCl_2F_2
化学名称	四氟乙烷	二氯二氟甲烷
标准大气压沸点	-26.5℃	-29.8℃
凝固点	-101.6℃	-158℃
临界温度	100.6℃	112℃
临界压力	40.56bar	41.58bar

表2-4　R134a、R12的沸点与饱和压力对应关系

沸点/°C	R134a 饱和压力/bar	R12 饱和压力/bar
−45	0.39	0.50
−40	0.51	0.64
−35	0.66	0.81
−30	0.84	1.00
−25	1.06	1.24
−20	1.32	1.51
−15	1.63	1.82
−10	2.00	2.19
−5	2.43	2.61
0	2.92	3.08
5	3.49	3.63
10	4.13	4.24
15	4.87	4.92
20	5.70	5.68
25	6.63	6.53
30	7.67	7.47
35	8.83	8.50
40	10.12	9.63
45	11.54	10.88
50	13.11	12.24
55	14.83	13.72
60	16.72	15.33
65	18.85	17.07
70	21.05	18.96
75	23.52	21.00
80	26.21	23.19
85	29.14	25.55
90	32.34	28.00

3. 润滑油

在空调制冷系统中，为了保证压缩机能正常运转并长期可靠地工作，必须对其进行润滑，所使用的润滑油被称为冷冻润滑油（业界多称其为冷冻油）。

（1）冷冻润滑油的作用。

① 润滑：润滑压缩机的摩擦表面，减少摩擦，降低磨损。

② 冷却：带走摩擦表面的摩擦热，帮助散热。

③ 密封：作为压缩机气缸壁与活塞（或转子）之间以及轴封处的油封，减少制冷剂泄漏。

④ 降低压缩机噪声。

（2）对润滑油的性能要求。

① 与制冷剂有较好的互溶性。

② 与系统材料（金属、合成橡胶、塑料）相容性好。

③ 凝固点低，在低温下具有良好的流动性。

④ 有较高的油膜强度。

⑤ 闪点高，无毒。

（3）冷冻润滑油的种类与选择。制冷剂R12与矿物油能够完全互溶，因此R12和冷冻油都属于矿物油。R134a与矿物油不互溶，因此需要使用合成酯类润滑油——聚烃基乙二醇（PAG）或聚酯油（POE）。现在采用R134a的汽车空调制冷系统大多采用PAG油。R134a制冷剂循环回路中的润滑油分布如图2-8所示。

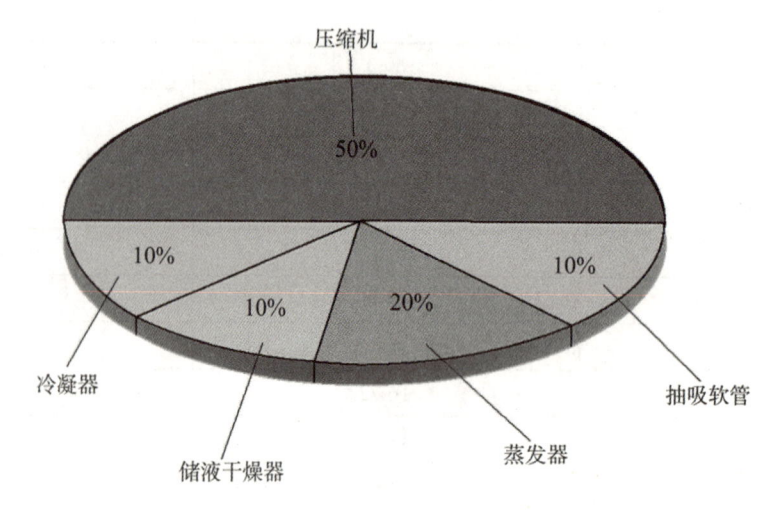

图2-8　R134a 制冷剂循环回路中的润滑油分布

四、汽车空调制冷系统的组成与工作原理

1. 汽车空调制冷系统的组成

以R134a为制冷剂的汽车空调制冷系统主要包括压缩机、电磁离合器、冷凝器、辅助风扇、压力传感器、储液罐、蒸发器温度传感器、冷凝水排水槽、蒸发器、蒸发器风扇、风扇开关、膨胀阀，如图2-9所示。

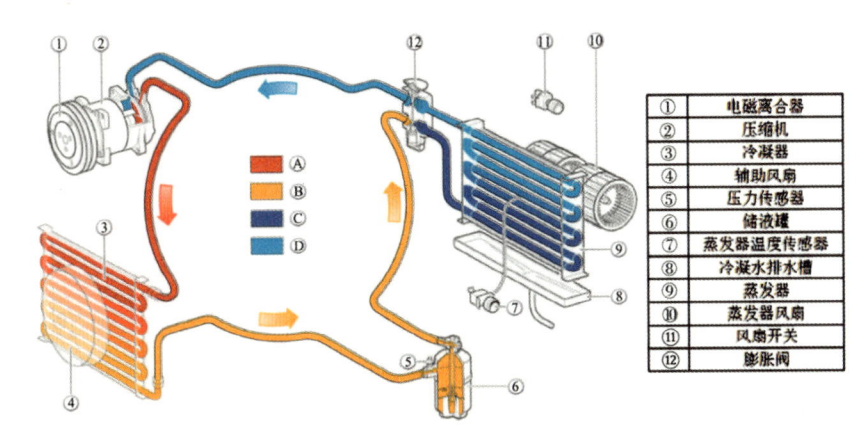

图 2-9　汽车空调制冷系统的组成

（1）压缩过程。压缩机工作，将蒸发器产生的低温低压制冷剂过热蒸汽（温度约为0℃、压力为0.15～0.2MPa）压缩成高温高压的制冷剂过热蒸汽（温度为70～80℃、压力约为1.5MPa），送往冷凝器冷却降温。

（2）冷凝过程。进入冷凝器的制冷剂过热蒸汽，在流动过程中与流过冷凝器的外部环境空气进行热交换，向环境空气散热，从冷凝器出来的制冷剂被冷凝成中温高压（温度约为45℃，压力约为1.5MPa）的过冷制冷剂液体。

（3）节流过程。从冷凝器出来的过冷制冷剂液体经过储液罐过滤后，经过膨胀阀节流降压，过冷液态制冷剂压力和温度急剧下降，变成低温低压（温度约为-10℃、压力为0.15～0.25MPa）的制冷剂湿蒸汽，进入蒸发器中迅速吸热蒸发。在节流过程中，同时进行流量控制，以便供给蒸发器所需的制冷剂，从而达到控制温度的目的。

（4）蒸发过程。进入蒸发器的低温低压制冷剂湿蒸汽与蒸发器表面流过的车内空气进行热交换，制冷剂吸收车内空气的热量汽化，从蒸发器出来时变成低温低压（温度约为0℃、压力为0.15～0.25MPa）的制冷剂过热蒸汽。从蒸发器产生的低温低压制冷剂过热蒸汽再被吸入压缩机，开始下一轮制冷循环。

2. 压缩机

压缩机是汽车制冷系统的心脏，其功能是将低温低压的制冷剂蒸汽压缩成高温高压的蒸汽，为制冷系统循环提供动力源。一种变排量压缩机还起着根据热负荷大小调节制冷剂循环量的作用。

（1）对压缩机的要求。

① 体积小，重量轻。

② 能适应汽车恶劣的行驶环境，耐高温，抗震性好，可靠性高。

（2）汽车空调压缩机的分类。

汽车空调制冷系统一般采用容积式压缩机，主要类型有曲轴连杆式压缩机、斜盘式压缩机、滑片式压缩机、涡旋式压缩机等。中小型汽车主要采用斜盘式压缩机、滑片式压缩

— 17 —

机、涡旋式压缩机。汽车空调压缩机大多靠电磁离合器由发动机通过传动带驱动，有些变排量压缩机通过传动带与发动机直接连接，没有电磁离合器。新能源汽车空调压缩机则主要由直流无刷电机或交流电机驱动。斜盘式压缩机因其结构紧凑、体积小、重量轻、噪声小、工作平稳可靠，是目前应用最多的压缩机机型。变排量压缩机较早是基于斜盘式压缩机开发的。下面主要介绍摇盘式压缩机、斜盘式压缩机、涡旋式压缩机和电控无离合器变排量斜盘式压缩机。

① 摇盘式压缩机。摇盘式压缩机也称摇板式压缩机，属于斜盘式类型，它是目前国内生产批量较大的压缩机机型，排量从100cm³/r到160cm³/r不等。摇盘式压缩机的组成与工作原理如图2-10所示，各气缸以压缩机轴线为中心布置，活塞和摇盘用连杆相连。摇盘齿轮中心有一钢球定位，并把摇盘支撑在其上沿圆周方向摆动。在工作时，摇盘的任何一边被向后推动时，相对的另一边就向前移动，每个活塞依次进行压缩和吸气行程。摇盘的圆周可以沿主轴的轴线方向前后移动，但不能绕轴线转动，即摇盘上的锥齿轮只能进出固定锥齿轮相应的齿槽，彼此都不能转动。主轴的一端固定楔形传动板，传动板驱动摇盘，迫使活塞做往复运动。

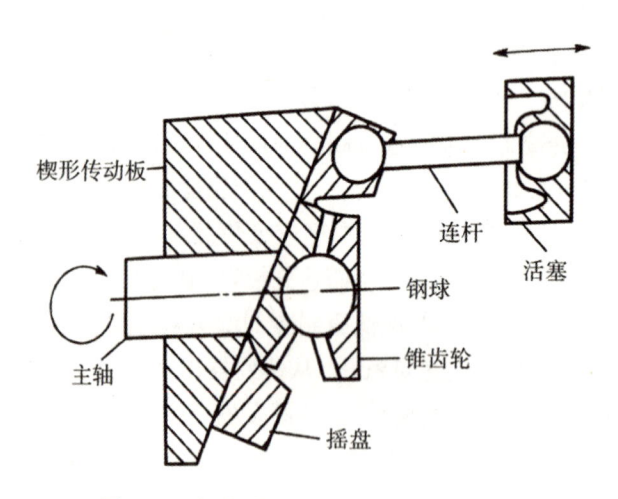

图 2-10 摇盘式压缩机的组成与工作原理

摇盘式压缩机的内部结构如图2-11所示。各气缸轴线与压缩机主轴1轴线平行，气缸内的活塞和摇盘7被连杆8用钢球万向连接，通过滚子轴承2和6，使楔形传动板4与前缸盖3和摇盘7之间的滑动摩擦变为滚动摩擦，减少了阻力和零件的磨损，提高了寿命。摇盘齿轮中心由一钢球5定位，并把摇盘支撑其上。工作时主轴带动楔形传动板转动，摇盘在楔形传动板的驱动下，沿定位钢球圆周摆动，一边被向前推动时，相对的另一边就向后推动，主轴转一圈，每个活塞依次进行压缩和吸气行程。

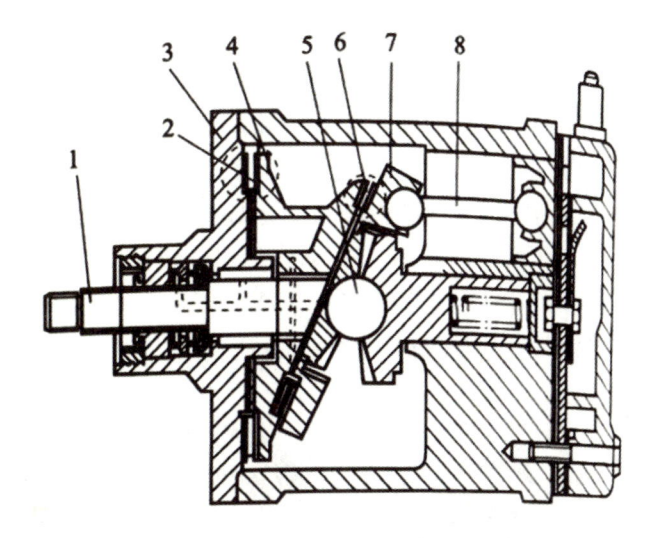

1—主轴；2、6—滚子轴承；3—前缸盖；4—楔形传动板；5—钢球；7—摇盘；8—连杆
图 2-11　摇盘式压缩机的内部结构

摇盘式压缩机的优点是，工作平稳、结构紧凑、体积小、重量轻；但由于有齿轮副存在，噪声略大。

② 斜盘式压缩机。斜盘式压缩机也称斜板式压缩机，它是一种轴向往复活塞式压缩机，斜盘式压缩机结构紧凑，可靠性高，容易实现小型化和轻量化，噪声小，排气脉动小，工作较平稳，所以是使用较为广泛的一种压缩机。图 2-12 所示为双向活塞式斜盘式压缩机的工作原理图。

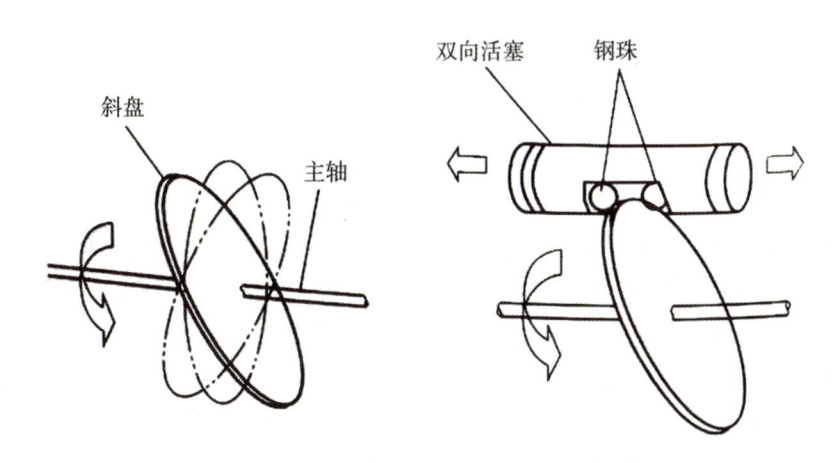

图 2-12　双向活塞式斜盘式压缩机的工作原理图

当主轴带动斜盘转动时，斜盘便驱动活塞做轴向运动，当活塞向右移动时，左缸开始吸气行程，吸气阀打开，低温低压蒸汽被吸入气缸，右缸开始压缩行程，达到排气压时，排气阀打开，高温高压蒸汽被排出。反之，当活塞向左移动时，左缸完成排气，右缸完成吸气。斜盘每转动一周，左右两个气缸分别完成一次吸气、压缩、排气、膨胀循环，相当

于两个气缸同时工作。这意味着当缸体截面均匀布设3个双向活塞时,压缩机有6个工作气缸。常见的双向活塞、斜盘式压缩机有六缸、八缸或十缸形式。

③ 涡旋式压缩机。涡旋式压缩机也是汽车空调系统使用较多的压缩机之一。涡旋式压缩机是由一个固定的渐开线静涡旋盘(静盘)和一个呈偏心回旋平动的渐开线动涡旋盘(动盘)相互啮合组成的。静盘固定在机架上,动盘由偏心轴驱动并由防自转机构制约,围绕静盘基圆中心,做很小半径的平面转动。气体通过空气滤芯吸入静盘的外围,随着偏心轴的旋转,气体在动盘和静盘相互啮合下形成若干月牙形,并在压缩室内被逐步压缩,然后由静盘中心部件的轴向排气孔连续排出,如图2-13所示。

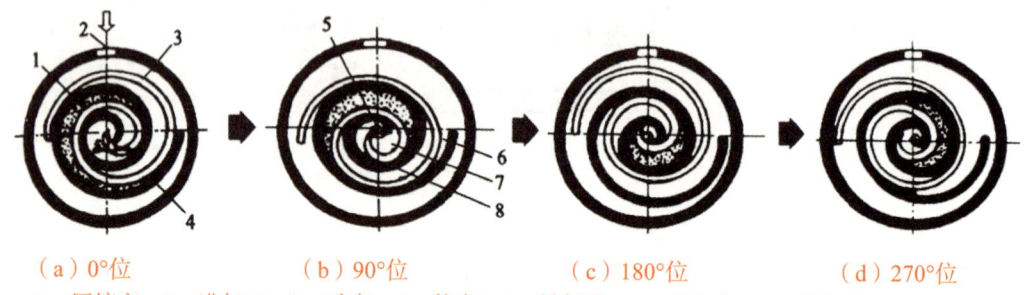

(a) 0°位　　　　(b) 90°位　　　　(c) 180°位　　　　(d) 270°位
1—压缩室;2—进气口;3—动盘;4—静盘;5—排气孔;6—吸气室;7—排气室;8—压缩室
图 2-13 涡旋式压缩机的工作原理

涡旋式压缩机的优点如下。

a. 密封性好,容积效率高。它是所有压缩机中容积效率最高的一种,一般会超过90%,甚至可达95%。其绝热系数比较高,单位制冷量所消耗的能量比往复式减少10%～13%。

b. 体积小,重量轻。其原因是动、静盘互相啮合,且润滑系统简单,其重量比同一排量级的摇盘式压缩机的轻15%,体积减小40%。

c. 高速运转,稳定性好,噪声小,寿命长。

d. 排气温度低,可以使用普通的润滑油,且润滑油用量较少。

④ 电控无离合器变排量斜盘式压缩机。定排量压缩机由发动机带动,排量(制冷功率)受发动机转速制约,发动机低速而热负荷大时制冷量小,发动机高速而热负荷小时制冷量大。为了摆脱发动机的影响,适应不同制冷功率的需求,变排量压缩机应运而生。由于变排量压缩机的排量在一个较大范围内变化,因此可以取消电磁离合器,减少电磁离合器开闭造成的发动机转速波动,减少制冷系统的温度波动,大大改善制冷系统的舒适性。

一款电控无离合器变排量斜盘式压缩机结构如图2-14所示,包括活塞、斜盘、带轮、橡胶成形件、弹簧、外部变排量调节阀等。电控无离合器变排量斜盘式压缩机的结构与普通的斜盘式压缩机相似,区别在于内部有一套可以改变斜盘倾角的变排量机构,如图2-15所示。主轴和驱动盘经过配合压装在一起与前盖通过一滚针轴承隔开。斜盘上的一对导向销伸进驱动盘上的一对圆柱销孔,主轴则穿过斜盘中间的腰形孔。斜盘可以在主轴上前后滑动来改变角度,同时通过驱动盘上的圆柱销孔保证活塞前侧的余隙的均匀性。斜盘沿主轴的滑动通过安装于后盖内的调节阀根据吸气压力进行控制,当吸气压力p_s增大(热负荷增大）时，调节阀控制斜盘箱内的压力p_c减小，p_c作用于活塞背面合力减小，$M_2<M_1$，斜盘绕导向销中心顺时针转动一个角度，斜盘倾角增大，活塞行程增大，从而使压缩机排量增大；反之，当吸气压力p_s减小（热负荷降低）时，调节阀控制斜盘箱内的压力p_c增大，p_c作用于活塞背面合力增大，$M_2>M_1$，斜盘绕导向销中心逆时针转动一个角度，斜盘倾角减小，活塞行程减小，从而使压缩机排量减小。

1—外部变排量调节阀；2—活塞；3—斜盘；4—带轮；5—橡胶成形件；6—弹簧
图2-14 电控无离合器变排量斜盘式压缩机结构

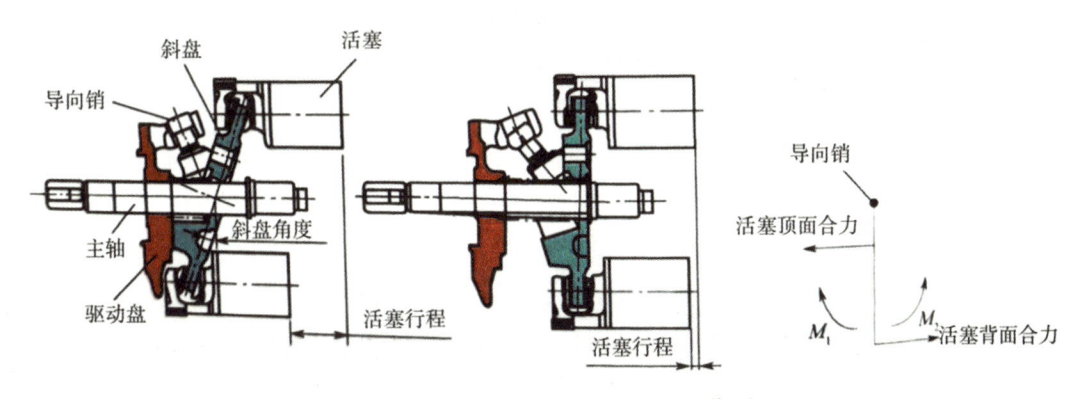

图2-15 变排量斜盘式压缩机的基本工作原理

电控无离合器变排量斜盘式压缩机调节阀由机械元件和电磁阀组成。机械元件由一个位于控制阀低压区的压力敏感元件（真空膜盒）来影响控制阀的调节。电磁阀由自动空调控制单元根据蒸发器温度传感器、压力传感器、AC开关、发动机转速、车内设定温度、车内实际温度、车外温度、通风温度等传感器信号，通过一个PWM信号（脉冲宽度调制信号，12V、400Hz、800mA）来控制，改变斜盘箱内的压力p_c，可以调节压缩机制冷功率。

a. 当负荷较低且热负荷较低（环境温度较低）时，如图2-16所示。当热负荷较低时，空调控制单元关闭电磁阀的供电，由于抽吸压力p_s减小，调节阀的橡胶防尘套伸长，调节阀开启。高压压力p_d使曲柄腔压力p_c升高。斜盘腔内压力为$p_c×7$个缸+弹簧1的作用力（斜盘左侧）+作用在7个缸内活塞左侧的驱动盘反作用力之和，大于作用在7个活塞右侧的压力$p_1 \sim p_7$。因此下部活塞向右移动，斜盘的倾斜角度减小，从而使压缩机活塞行程减小，压缩机排量变小。弹簧1（斜盘左侧）使7个活塞向右移动并减小斜盘角度，因此这个弹簧还具有启动弹簧的功能，且以约5%的最小排量开始启动。

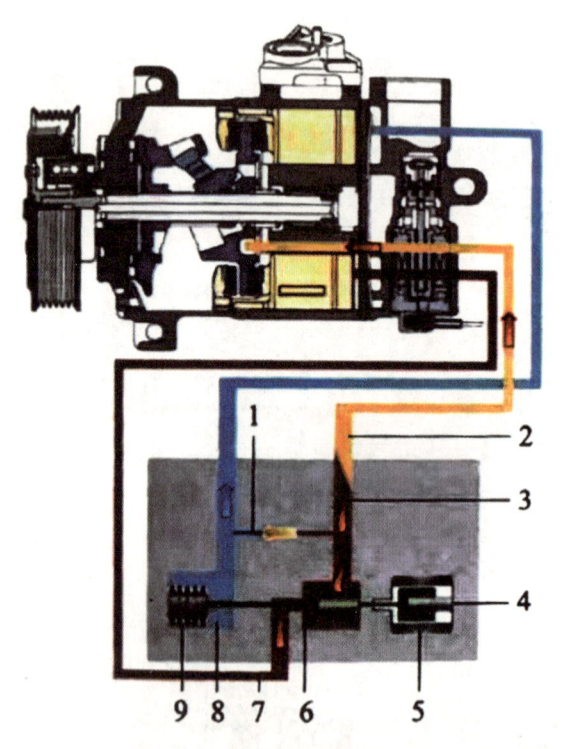

1—p_c与p_s之间的喷射孔；2—气流；3—曲柄腔内压力p_c；4—弹簧2；5—线圈（电磁阀）
6—柱塞；7—高压压力p_d；8—抽吸压力p_s；9—带弹簧1的橡胶防尘套

图2-16 热负荷较低时排量减小

b. 当负荷较高且热负荷较高（环境温度较高）时，如图2-17所示。当热负荷较高时，抽吸压力p_s较高，调节阀的橡胶防尘套被挤压。空调控制单元通过蒸发器温度传感器识别到温度较高，控制电磁阀使阀体向左移动，调节阀关闭。高压压力p_d与斜盘腔内压力p_c的通道被切断，斜盘腔内压力p_c下降到接近抽吸压力（p_s），压力平衡通过喷射孔实现。此时斜盘腔内压力为$p_c×7$个缸+弹簧1的作用力（斜盘左侧）+作用在7个缸内活塞左侧的驱动盘反作用力之和，小于作用在7个活塞右侧的压力$p_1 \sim p_7$。因此下部活塞向左移动，斜盘的倾斜角度增大，压缩机排量增大。

电控无离合器变排量斜盘式压缩机的排量可调节，低排量时压缩机仍可以由发动机带动继续旋转，故不需要电磁离合器。但为了防止压缩机驱动轴卡住（压缩机出现机械损坏或冷冻油不足），造成传动机构或发动机损坏，通常在压缩机驱动齿轮上安装一个过载保护装置。压缩机多楔带轮和驱动盘通过一个橡胶成形元件连接并传递动力，如图2-18所示。

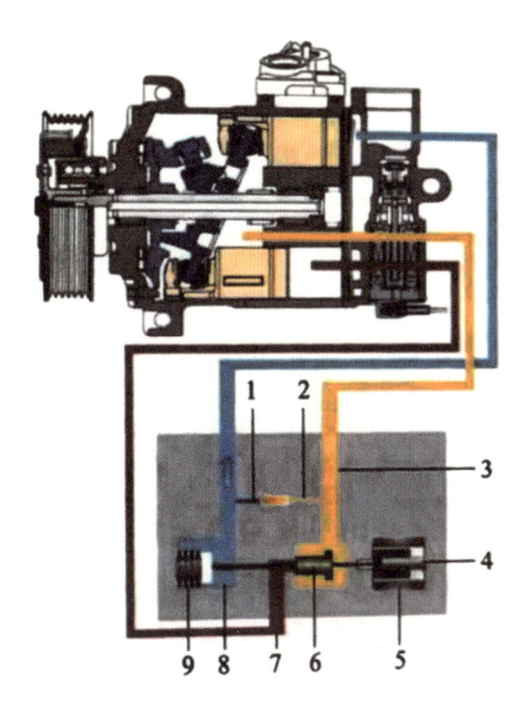

1—p_c 与 p_s 之间的喷射孔；2—气流；3—斜盘腔内压力 p_c；4—弹簧；5—线圈（电磁阀）
6—柱塞　7—高压压力 p_d；8—抽吸压力 p_s；9—带弹簧 1 的橡胶防尘套

图 2-17　热负荷较高时排量增大

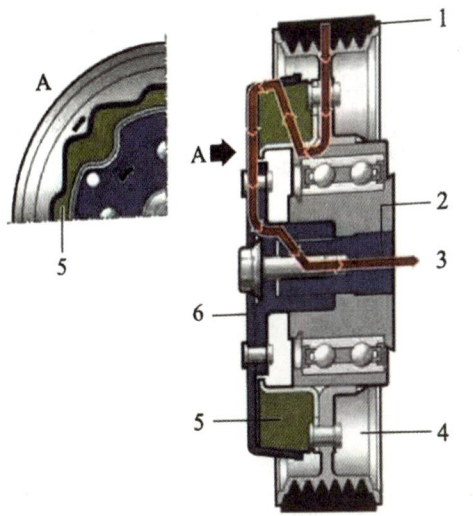

（a）正常状态
1—多楔带；2—驱动轴；
3—压缩机正常时的动力传递路线；
4—带轮；5—橡胶成形元件；6—驱动盘

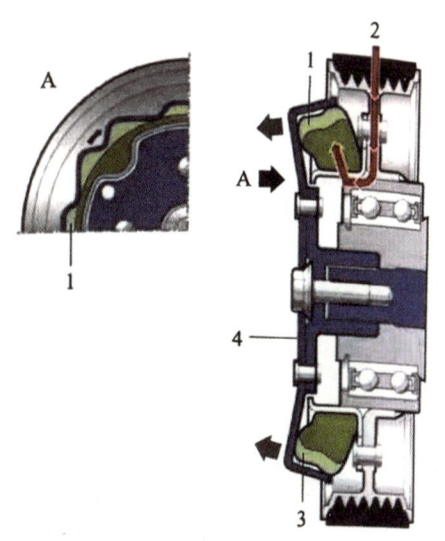

（b）过载保护状态
1—剪断的材料；
2—橡胶成形元件剪断后的动力传递路线；
3—卡住时橡胶成形元件的变形情况；
4—卡住的驱动盘

图 2-18　无电磁离合器压缩机带轮过载保护装置

当压缩机被卡住时，驱动盘停止运转，带轮与驱动盘之间的传动力显著提高，橡胶成形元件上的成形部分被剪断，带轮与驱动盘之间的连接断开，带轮在不受阻碍的情况下连续转动，防止多楔带和发动机损坏。

3. 冷凝器

冷凝器是一种由管路与散热片组合起来的热交换器，其作用是，将压缩机排出的高温高压制冷剂（过热蒸汽）冷却，使其由过热蒸汽变成中温高压的过冷液体。在此过程中，制冷剂在蒸发器内吸收的热量被排到环境空气中。为了加强与车外空气的热交换，传统燃油机汽车的冷凝器一般安装在发动机冷却系统散热器的前部，新能源汽车则多安装于前机舱的前部，同时配备散热风扇用于加强冷凝器散热。冷凝器有管片式、管带式和平行流式三种结构形式。

（1）管片式冷凝器的结构如图2-19所示，管片式冷凝器由铜管或铝管与散热片组成，将铜管或铝管穿入散热片后，经膨胀和收缩处理，使散热片与管路紧密结合，再将各段管路焊接而成。管片式冷凝器的制造工艺简单，但散热效果较差，用在早期的汽车空调中，现在主要用于大中型客车的制冷装置上。

（2）管带式冷凝器的结构如图2-20所示，管带式冷凝器一般将多孔小扁管弯成蛇形，在其中熔焊三角形或U形的散热片。管带式冷凝器的传热效率比管片式冷凝器提高约20%，并且流动阻力小、结构紧凑、成本低、可靠性高。但它的制造工艺复杂、焊接难度大且材料要求高，主要应用于轻型乘用车制冷空调装置。

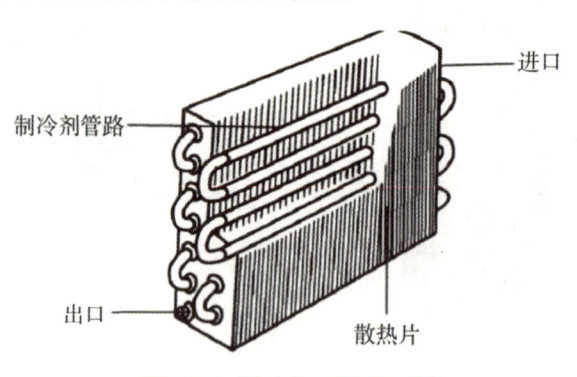

图 2-19 管片式冷凝器的结构

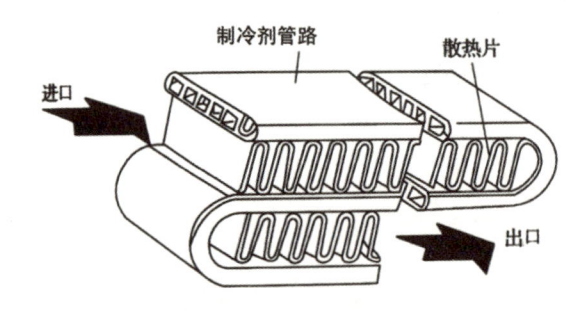

图 2-20 管带式冷凝器的结构

（3）平行流式冷凝器是由管带式冷凝器演变而成的，也是由扁管和波浪形散热片组成的，散热片上同样开有百叶窗式条缝，但扁形管路不是弯成盘状的，而是每根分别截断的，通过两端集流管连接。多元平行流式冷凝器的集流管路是分段的，中间用隔片隔开，起到分流和汇流的作用。每段的管路数不相等，进入冷凝器时制冷剂呈汽态，比容最大，管路数也最多。随着制冷剂逐渐凝成液体，其比容逐渐减小，所占的容积逐渐减小，管子数也相应减少。这种变通道截面积的结构设计使冷凝器的有效容积得到最合理的利用，使制冷剂的流动和换热情况更趋合理，使得在同样的迎风面积下，平行流式冷凝器比管带式冷凝器的热交换能力提高30%以上，流动阻力仅是管带式冷凝器的20%~30%。平行流式冷凝器是R134a制冷剂较为理想的冷凝器。

过去的汽车空调制冷剂回路的高压部分一般由冷凝器、过滤器、储液罐、压力传感器等独立组件组成。现在的冷凝器通常与过滤干燥器、集液器（集流管）等集成为一个模块，如图2-21所示。这样，一方面可以减少独立安装支架和连接件等，从而减少制冷剂的加注量（减少50%）；另一方面还可以提高冷凝器的效率。

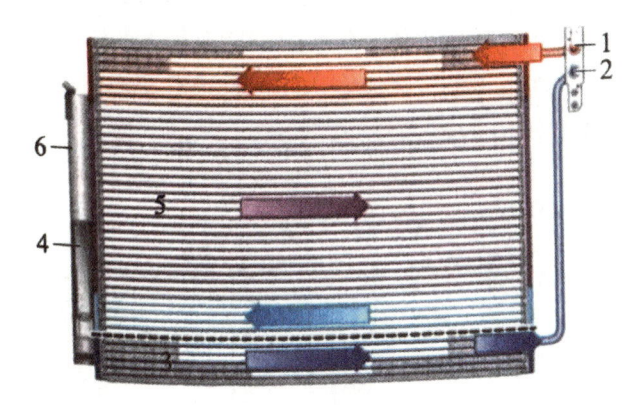

1—过热制冷剂蒸汽进口；2—过冷制冷剂出口；3—过冷液体部分
4—过滤干燥器；5—冷凝部分；6—集液器
图2-21　集成式冷凝器模块

4．蒸发器

蒸发器是汽车空调制冷系统中的另一个热交换器，一般安装在中控台内，其作用与冷凝器相反，它利用节流降压后的低温低压液态制冷剂在蒸发器中沸腾汽化，吸收流过的空气热量，再将冷风吹到车内，达到降温的目的。蒸发器在降低车内温度的同时，也使得车内空气变得更加干燥。汽车空调蒸发器有管片式、管带式、层叠式（板翅式）三种结构类型。

（1）管片式蒸发器如图2-22所示，它由铜质或铝质圆管套上铝翅片组成，经膨胀工艺使铝翅片与圆管紧密接触。其结构较简单、加工方便，但换热效率较差。

（2）管带式蒸发器如图2-23所示，管带式蒸发器与管带式冷凝器的结构相同，由多孔扁管与蛇形散热铝带焊接而成，工艺比管片式的复杂，需采用双面复合铝材（表面覆一层

0.02～0.09mm厚的焊药)及多孔扁管材料。该种蒸发器的换热效率比管片式蒸发器提高10%左右。

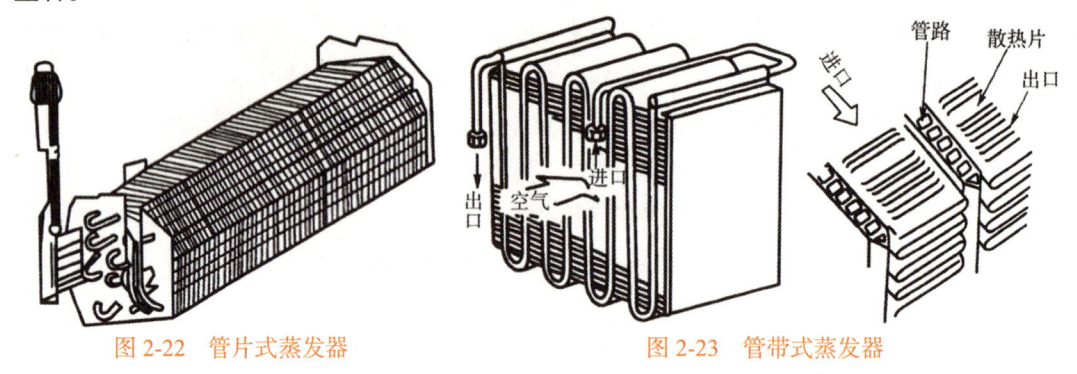

图 2-22　管片式蒸发器

图 2-23　管带式蒸发器

（3）层叠式蒸发器 如图2-24所示，层叠式蒸发器由两片冲压成复杂形状的铝板叠在一起组成制冷剂管路，每两片通道之间夹有蛇形散热翅片，也称为板翅式蒸发器。由于将制冷剂管路变成一道缝，制冷剂呈膜状流动，换热效率比管带式蒸发器提高30%左右，同时增大了空气侧的流通截面积，使较小体积的蒸发器能有较大的空气侧换热面积，因此结构很紧凑，传热效率高。汽车空调制冷系统多采用层叠式蒸发器。层叠式蒸发器的主要缺点是：焊接工艺复杂、要求高、难度大，故成本也相对较高。

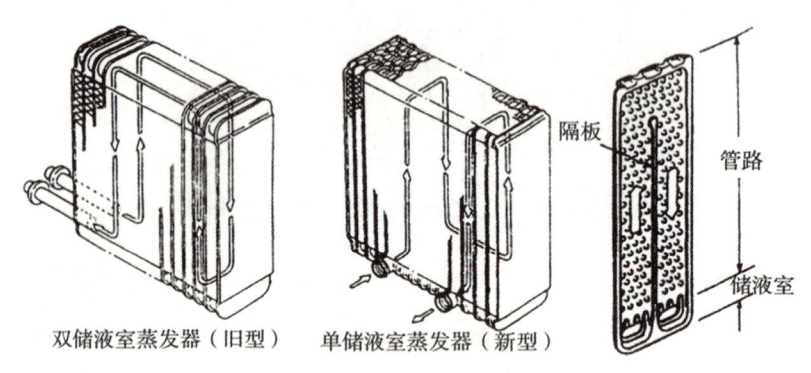

图 2-24　层叠式蒸发器

5. 节流膨胀装置

在制冷循环过程中，为了能吸收低温物体的热量，必须将冷凝器出来的过冷制冷剂液体的饱和压力降低，使其比低温物体温度更低，让制冷剂变成低温低压的制冷剂饱和液体进入蒸发器，沸腾蒸发吸热才能进行。此过程通过节流膨胀装置完成，节流是指流体流经管路中的缩口（截面积变小）位置后，压力出现显著下降的现象，如图2-25所示。汽车空调制冷系统的节流膨胀装置主要有膨胀阀、电子膨胀阀和节流孔管。膨胀阀根据形状可分为F形膨胀阀和H形膨胀阀。

1）膨胀阀

（1）F形膨胀阀。F形膨胀阀安装在蒸发器进口处，是一个感压、感温自动阀，能够节流降压并调节制冷剂进入蒸发器的流量，保证制冷剂在蒸发器内完全蒸发。膨胀阀由感温感压部分和阀体部分组成。感温感压部分由感温包、毛细管和膜片（0.1～0.2mm）组成一个密闭气室，气室内加注有制冷剂。阀体部分包括阀针、调节弹簧、调节螺钉等，如图2-26所示。

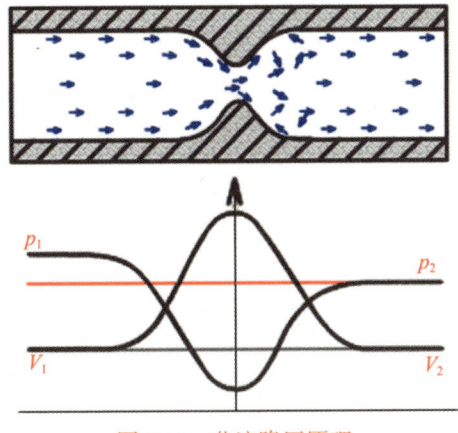

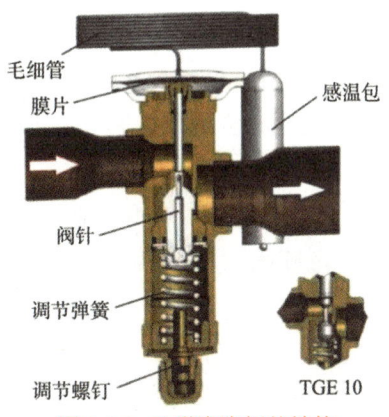

图2-25 节流降压原理　　　　　图2-26 F形膨胀阀的结构

根据膜片下方的蒸发压力来源于蒸发器进口（内部）还是蒸发器出口（外部），F形膨胀阀可分为内平衡膨胀阀和外平衡膨胀阀，如图2-27所示。内平衡膨胀阀的膜片上方受到蒸发器出口的感温压力p_f（过热度大，压力高），膜片下方受到蒸发压力p_e和弹簧弹力p_s。当$p_f=p_e+p_s$时，膜片上下压力平衡，阀针处于某一开度，制冷剂保持一定流量。当热负荷增大时，蒸发器出口制冷剂过热度增大，感温压力p_f升高，$p_f>p_e+p_s$，膜片下移，阀针开度增大，进入蒸发器的制冷剂流量增加；反之，则制冷剂流量减少。

由于蒸发器内部存在压力损失，外平衡膨胀阀的蒸发压力p'_e小于内平衡膨胀阀蒸发压力p_e，要达到同样的阀针开度，$p'_f<p_e$，即外平衡膨胀阀所需的过热度要小得多，所以采用外平衡膨胀阀时，能充分发挥蒸发器传热面积的作用和提高制冷装置的效果。汽车空调蒸发器内部阻力较大，一般宜采用外平衡膨胀阀。

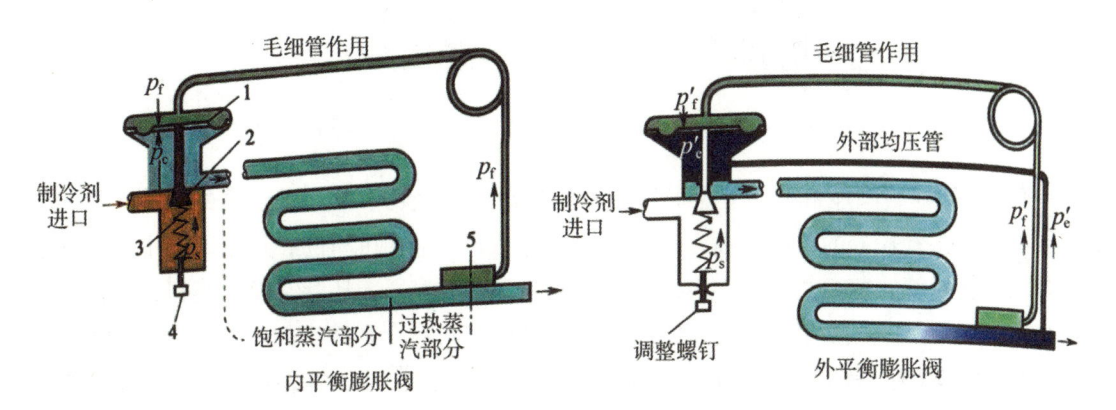

1—膜片；2—阀针；3—弹簧；4—调整螺钉；5—感温包
图2-27 内平衡膨胀阀和外平衡膨胀阀的工作原理

安装膨胀阀的要求如下。

① 膨胀阀一般应竖直安装,不允许倒置,安装位置要尽量靠近蒸发器。

② 感温包一般安装在蒸发器水平出口管的上表面,要包扎牢靠,保证感温包与管子有良好的接触,接触面要清洁,并要紧贴,还要用隔热防潮胶带包好。必要时膨胀阀本体也要用隔热防潮胶带包好。

③ 外平衡管要装在感温包后面管段的上表面处,且保持适当距离。两者位置不能互换,因为有时会有少量液态制冷剂由平衡管流出,再进入吸气管,从而影响感温包处过热温度的准确性。

④ 在调整膨胀阀时,必须在发动机正常运转的情况下进行调整。

(2) H形膨胀阀。H形膨胀阀与F形外平衡膨胀阀的工作原理一致,因其通道像字母H而得名。H形膨胀阀与F形外平衡膨胀阀不同的是,它将感温包安装到阀体内的回气管路上,不但感温元件的加注容积小,灵敏度得以提高,而且简化了连接接头,使其直接与蒸发器进出口相连,提高了膨胀阀的抗震性能,如图2-28所示。

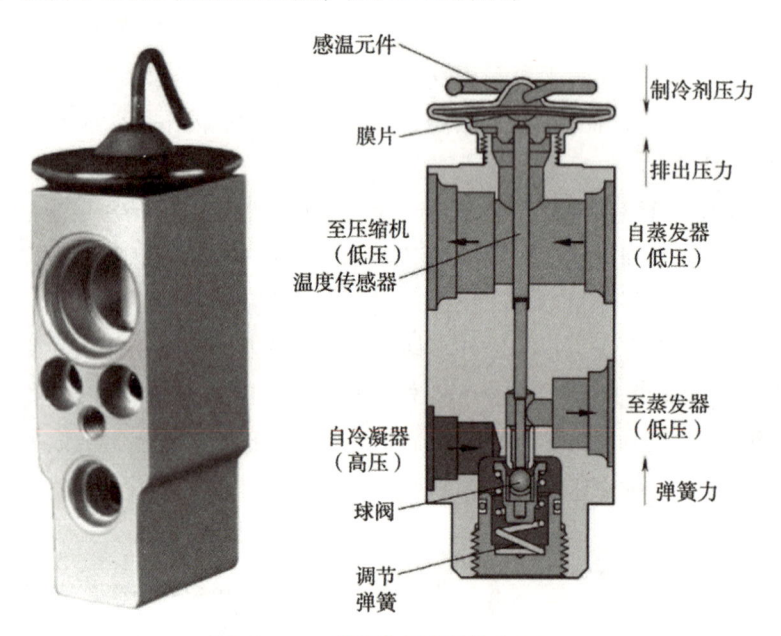

图 2-28 H形膨胀阀的结构与原理

有些H形膨胀阀还带有低压保护开关和恒温器,称组合式H阀。恒温器的温度传感器不是夹在蒸发器管片上的,而是插入蒸发器出气管中的一个凹坑里的,这个凹坑中放有润滑脂以增强感温管的感温能力。在有的制冷系统中,在恒温器上还装有控制旋钮,可让驾驶员根据需要增加或减少制冷量。H形膨胀阀在汽车空调制冷系统中的安装位置如图2-29所示,由于H形膨胀阀的优点,加上它可以安装在离开蒸发器的地方,故其安装、调试很方便,目前已被汽车空调制冷系统所广泛采用。

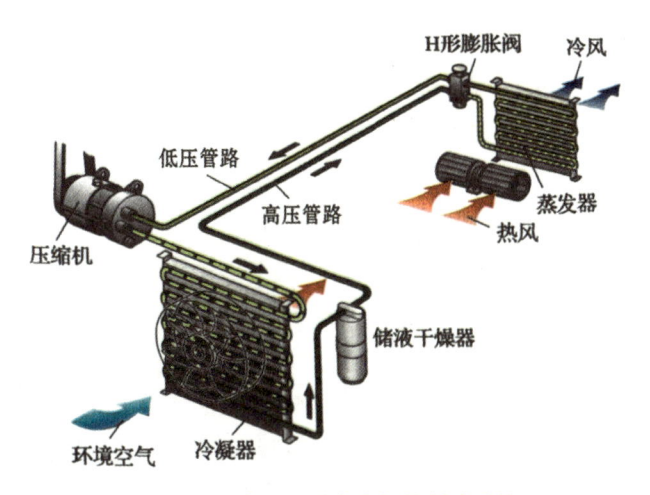

图 2-29　采用 H 形膨胀阀的制冷系统

2）电子膨胀阀

电子膨胀阀是按照预设程序调节蒸发器供液量的膨胀阀，因属于电子式调节模式，故称为电子膨胀阀。使用电子膨胀阀可以提高变频压缩机的能量效率，可在10%～100%的范围内进行精确调节，提高系统的能效比。新能源汽车的压缩机属于变频压缩机，常用电子膨胀阀作为节流元件。

如图2-30所示，电子膨胀阀由控制器、执行器、温度传感器和压力传感器构成，通常所说的电子膨胀阀大多仅指执行器。

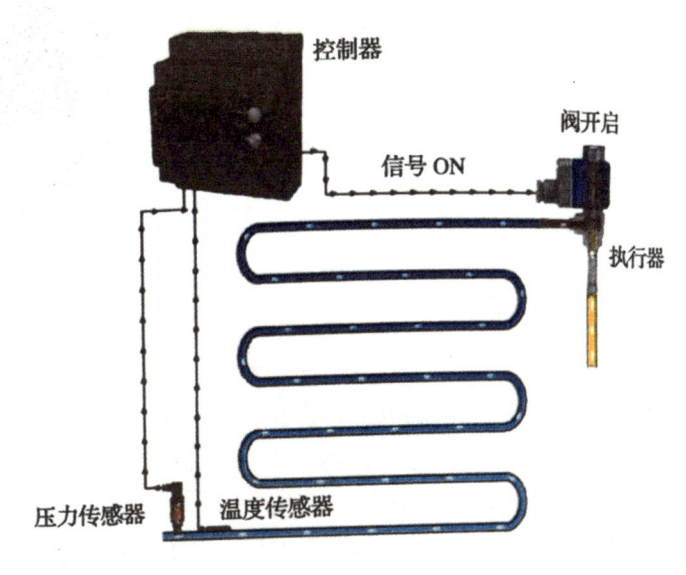

图 2-30　电子膨胀阀的组成与控制原理

电子膨胀阀的执行器有电磁式和电动式两类，目前比较常见的是以步进电机驱动的电动式电子膨胀阀，它通过给步进电机施加一定逻辑关系的数字信号，使步进电机通过螺纹驱动阀针向前或向后运动，从而改变阀口的流量面积来达到控制流量的目的。

在安装电子膨胀阀时，应以阀体及线圈的断面中心线为轴，且将线圈朝上。在对电子膨胀阀与过滤网进行焊接时，需对阀体进行冷却保护，使阀体的温度不超过120℃，并防止杂质进入阀体内。另外，焊接时火焰不要直对阀体，同时需向阀体内部充入氮气，以防止产生氧化物。控制器的输出电压必须与线圈的指定电压一致。如果所加电压与指定电压不符，则会出现线圈烧毁，或阀针动作异常等故障。

3）节流孔管

节流孔管如图2-31所示，节流孔管是一种细小的铜管，安放在一根塑料套管内，在塑料套管上有一个或两个圆形密封圈，铜管的外面是滤网。来自冷凝器的制冷剂只能从细小的铜管中通过（节流），进入蒸发器。节流管上的滤网能阻挡杂质进入铜管。节流孔管没有运动部件，结构简单，成本低，可靠性高，同时减少能源消耗。但采用节流孔管的制冷系统不能根据蒸发器出口的过热程度对制冷剂流量进行控制，为了防止压缩机"液击"，蒸发器出口至压缩机进口管路上需安装气液分离器（积累器），确保从气液分离器出口出来的全部是制冷剂气体，如图2-32所示。

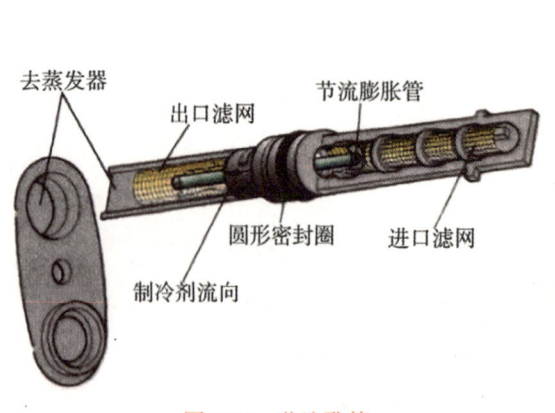

图 2-31 节流孔管

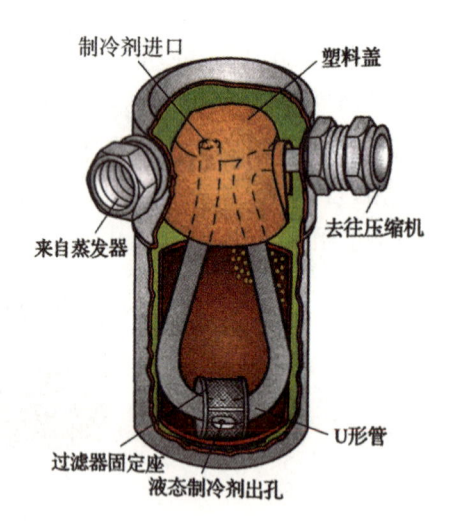

图 2-32 气液分离器及周边装置

6. 储液干燥器

储液干燥器作为制冷剂的膨胀容器和储液罐使用，如图2-33所示。由于运行条件不同，例如，蒸发器和冷凝器上的热负荷及压缩机转速等，压缩机泵流入循环回路内的制冷剂量不同。为了补偿这种波动，空调系统安装了一个储液干燥器，来自冷凝器的液态制冷剂收集在储液罐内，蒸发器内冷却空气所需要的制冷剂持续流动。干燥剂与少量的水发生化学反应并借此将水从循环回路中清除。根据具体型号，干燥剂可以吸收6~12g水。吸收量取决于温度，温度降低时吸收量提高。例如，温度为40℃时储液干燥器饱和，在60℃时，水会再次析出。储液干燥器还可以过滤掉压缩机磨损产生的颗粒、安装时的污物或类似物质。

制冷剂从上面进入储液罐内并沿着壳体内侧向下流动。储液干燥器上方有一个滤网，它可以过滤可能存在的污物。经过储液干燥器，已去除水分的制冷剂向上流动。在一些新型空调系统中，储液干燥器被集成在冷凝器内。

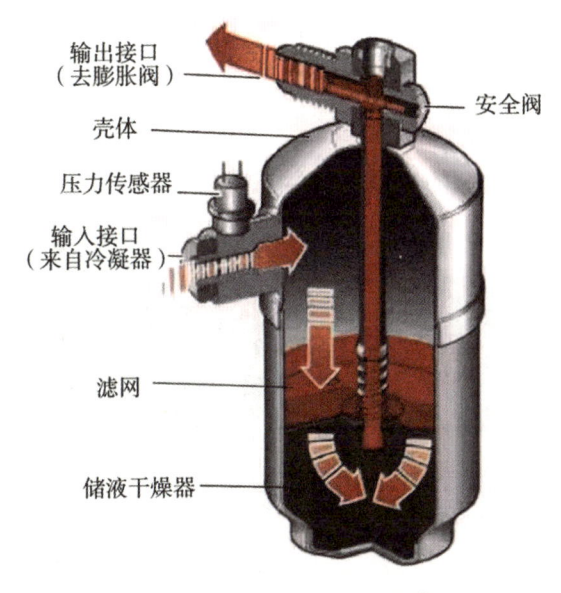

图 2-33 储液干燥器及周边装置

五、吉利帝豪 EV450 汽车的电动空调系统

1. 电动空调系统概述

电动空调系统与传统汽车空调系统的基本原理相似，两者的区别在于，电动空调系统采用电动空调压缩机。电动空调压缩机由驱动电机、压缩机、控制器等组成，如图2-34所示。

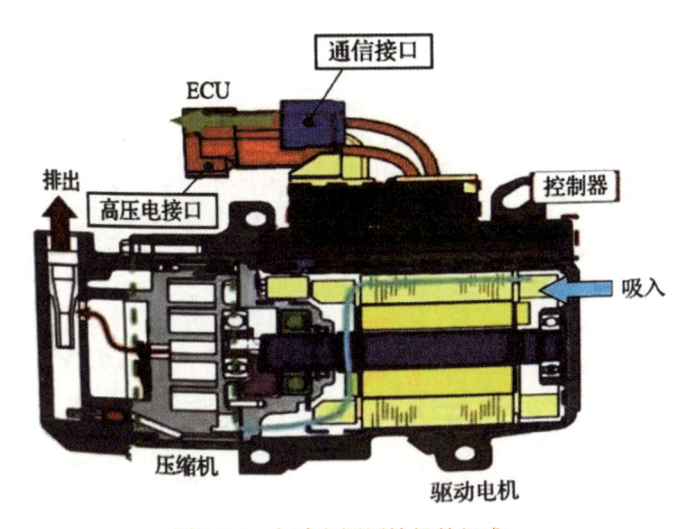

图 2-34 电动空调压缩机的组成

电动空调压缩机的驱动电机采用体积小、重量轻、效率高的三相永磁同步电机，由控制器（逆变器）将动力电池的高压直流电转化为三相正弦交流电驱动。控制器通过占空比脉宽调制控制信号改变三相正弦交流电的频率和幅值来控制电机转速和转矩，进而控制其制冷量，调节温度。电动空调压缩机多采用涡旋式压缩机，因为涡旋式压缩机具有震动小、噪声低、使用寿命长、重量轻、转速高、效率高、尺寸小等诸多优点，非常适用于高速电机驱动。图2-35所示为电动空调压缩机分解图。

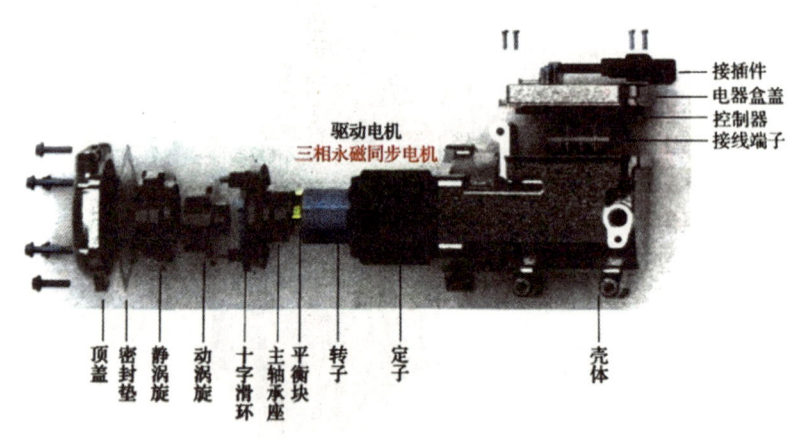

图 2-35　电动空调压缩机分解图

2. 吉利帝豪 EV450 汽车的电动空调系统的组成

吉利帝豪EV450汽车的电动空调系统（下简称EV450电动空调系统）是整车温度管理系统的重要组成部分，除了负责乘员舱的空气调节，还肩负着动力电池的冷却和加热、电驱动系统的冷却任务，如图2-36所示。

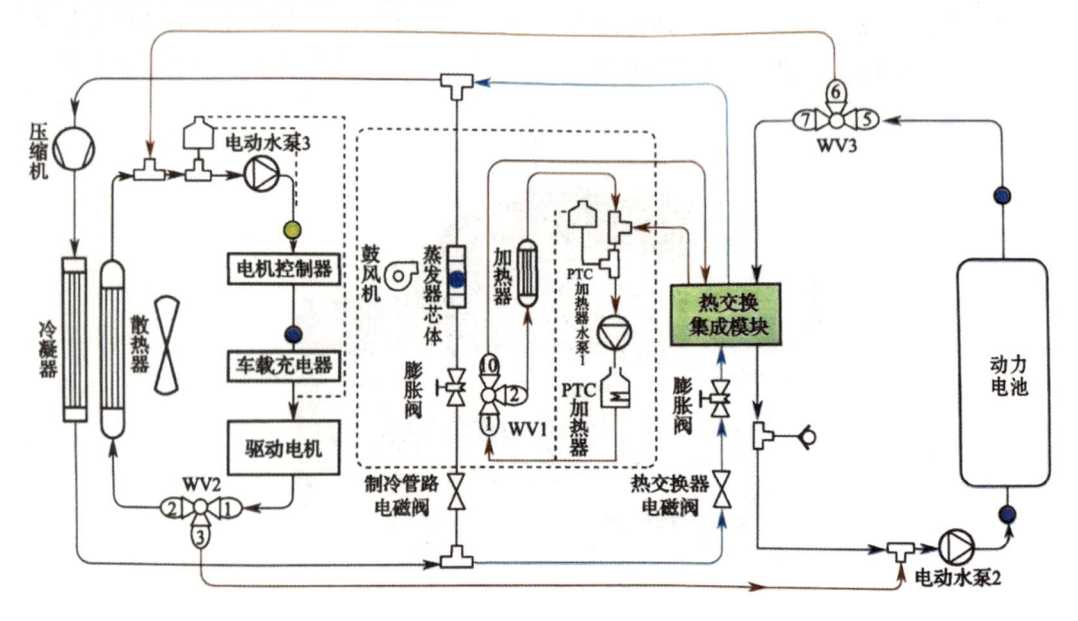

图 2-36　吉利帝豪 EV450 汽车的整车温度管理系统

EV450电动空调系统与传统车型类似，包括制冷系统、制热系统、通风控制系统和控制系统四个部分。

（1）制冷系统。制冷系统的电动涡旋式压缩机采用R134a制冷剂，制冷系统有两条蒸发回路，一个蒸发器置于空调主机总成内，用于乘员舱制冷；另一个蒸发器置于热交换器中，用于动力电池冷却。每条蒸发回路都有一个H形膨胀阀，H形膨胀阀的前端分别安装有热交换器电磁阀和制冷管路电磁阀，根据乘员舱和动力电池冷却的需求控制电磁阀打开或关闭蒸发回路。R134a制冷剂的内循环中只能使用MA68EV合成制冷剂润滑油。安装螺纹和圆形密封圈处只能使用MA68EV合成制冷剂润滑油，使用其他润滑油会造成压缩机或附件故障。

（2）制热系统。制热系统由鼓风机、电加热器（也称PTC加热器）、PTC加热器水泵和PTC加热器芯体（暖风水箱）等组成。当电动空调系统处于加热模式时，PTC加热器在高压电的作用下对冷却液进行加热，高温冷却液被PTC加热器水泵抽入加热器芯体。同时，冷暖温度控制电机旋转，气流在鼓风机的作用下流过加热器芯体，产生热量传递。车外空气在进入乘员舱前，与加热后的空气混合，吹出舒适的暖风，如图2-37所示。

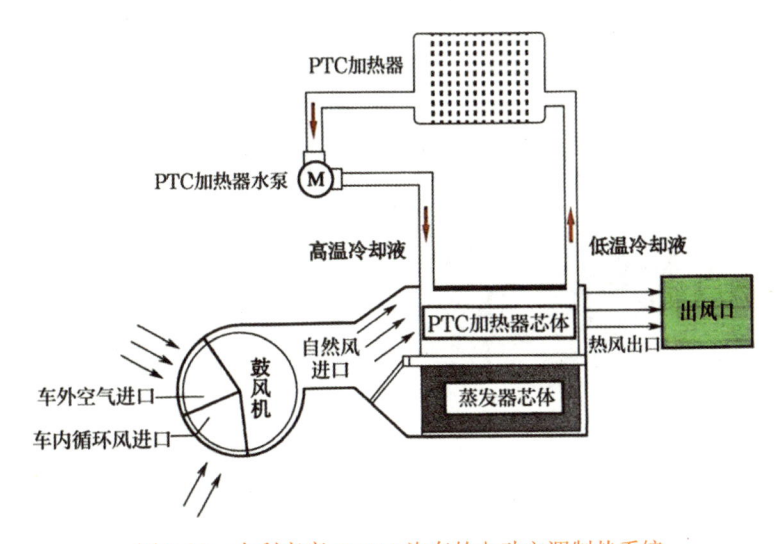

图2-37　吉利帝豪EV450汽车的电动空调制热系统

（3）通风控制系统。通风控制系统由风道和风向调节阀门、冷暖风调节阀门、内外循环调节阀门等组成。通过调节电机控制阀门，将车外、车内空气引入空调温度管理系统以调节温度、湿度，并由相应的出风口将空气送到乘员舱。通风控制系统在AUTO模式下会自动选择相应的送风模式状态，按MODE按键可更改车辆的送风模式。如果当前显示一种送风模式，则按MODE按键可选择下一种送风模式。

通风控制系统的送风模式包括以下几种。

① 吹面：通过仪表板出风口送风。
② 双向：通过仪表板出风口、吹脚出风口送风。

③ 吹脚：通过底板出风口送风。
④ 混合：通过吹脚出风口、前风窗出风口送风。
⑤ 除霜：通过前风窗出风口送风。

（4）控制系统。EV450电动空调控制系统为"空调控制面板+AC空调控制器"的模式。空调控制面板采集按键信息，将信息通过LIN总线发送给AC空调控制器，AC空调控制器采集车外温度传感器、环境光及阳光传感器、空调三态压力开关、蒸发器温度传感器、加热器温度传感器等信号，对鼓风机转速、风向调节电机、冷暖风调节电机、内外循环电机、电动压缩机、PTC加热器、制冷管路电磁阀、热交换器电磁阀、PTC加热器水泵、动力电池冷却水泵、三通电磁阀等进行控制。此外，AC空调控制器还通过LIN总线与PM$_{2.5}$模块进行交互，完成乘员舱的空气洁净控制。

3. EV450电动空调系统的主要部件及参数

EV450电动空调系统的主要部件包括压缩机、冷凝器、热交换器总成、空调箱总成、空调控制面板、空调压力开关、PTC加热器、PTC加热器水泵等，主要部件的安装位置如图2-38所示。下面简单介绍一下主要部件。

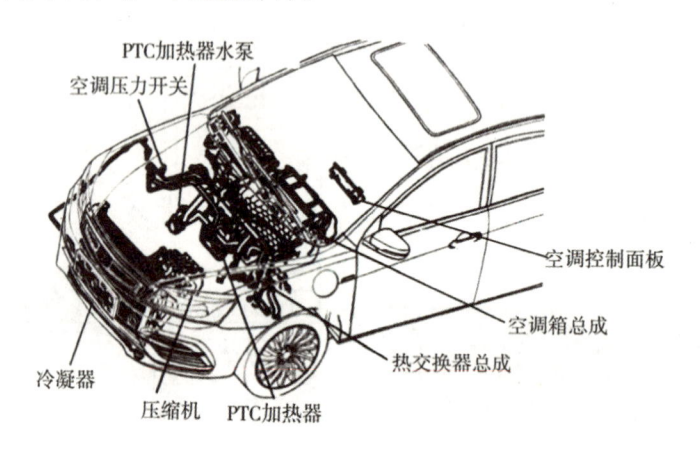

图2-38 电动空调系统主要部件的安装位置

（1）压缩机。该车采用电动涡旋式压缩机，型号为EVH33Y1，工作电压为200~450V，压缩机控制器工作电压为9~16V，压缩机驱动电机的转速范围为800~9000r/min，有制冷剂时绝缘阻值大于20MΩ，泄压阀压力为（3.8±0.3）MPa。

（2）冷凝器。该车采用铝制平行流式冷凝器，储液干燥器位于冷凝器的右侧，与冷凝器集成为一体。当空气温度为（35±1）℃、迎风速度为（4.5±0.1）m/s、入口制冷剂蒸汽压力为（1.47±0.01）MPa、入口制冷剂蒸汽过热度为（25+0.5）℃、出口制冷剂液体过冷度为（5±0.5）℃时，冷凝器的换热量可达13.5kW。储液干燥器内部的结构设计可以保证中温高压的气液混合制冷剂进入，出来的是中温高压的液态制冷剂。储液干燥器内部有吸附制冷系统水分的干燥剂，干燥剂不能重复使用。

（3）空调箱总成。该车的空调箱总成位于仪表板内，由鼓风机、鼓风机调速模块、空气滤清器、加热器、蒸发器、膨胀阀、冷暖温度风向控制电机以及各种空气调节风门、通风风道等构成。

鼓风机由永磁型电机、轴流式风扇组成，鼓风机转速取决于鼓风机调速模块。加热器芯体是加热器系统的主要部件，负责将PTC加热器冷却液的热量传输给流经的空气。蒸发器位于空调主机的左侧，膨胀阀与蒸发器相连，安装于蒸发器的一端，膨胀阀根据蒸发温度调节制冷剂流量。蒸发器在空气进入乘员舱之前对其进行冷却和除湿。蒸发器内制冷剂蒸发，吸收通过蒸发器气流的热量。空气中的热量传给蒸发器芯体时，空气中的水分湿气会凝结在蒸发器芯体的外表面上形成冷凝水流出。蒸发器上配备有蒸发器温度传感器对蒸发器上散热片的表面温度进行测量，AC空调控制器根据此温度控制制冷量，以防蒸发器表面出现结冰。若蒸发器温度低于0℃，则压缩机停止工作；若该温度增加至4℃以上，则压缩机重新开始工作。

（4）空调压力开关。空调压力开关属于三态压力开关，根据空调制冷循环高压侧制剂压力值，打开或关断压力开关，传送空调系统压力信号。当压力过低或过高时，AC空调控制器停止压缩机工作，切断制冷循环，实现空调系统的压力保护，同时根据压力的大小控制冷却风扇的转速。

（5）PTC加热器。PTC加热器由电阻膜和散热元件组成，在一定电压范围内，PTC加热器的功率随电流变化而变化，电阻膜的电阻受温度变化的影响较小，因此PTC加热器可输出稳定的电流，从而为制热系统提供稳定的热源。PTC加热器高压模块的工作电压为300～450V，低压模块的工作电压为9～16V。

4．EV450电动空调系统的控制策略

EV450电动空调控制面板如图2-39所示。

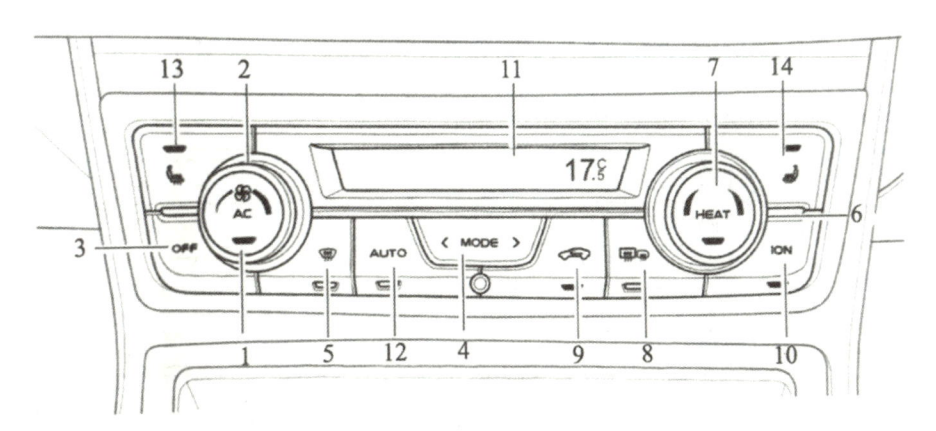

1—AC按键；2—风量调节旋钮；3—OFF按键；4—MODE按键；5—前风窗除霜除雾按键
6—温度调节旋钮；7—加热按键；8—后风窗/外后视镜除霜按键；9—内外循环按键
10—空气净化器按键；11—显示屏；12—AUTO按键；13—驾驶员座椅加热按键
14—前排乘客座椅加热按键

图2-39　EV450电动空调控制面板

（1）温度设定。温度调节旋钮用来手动设定车内温度，并显示于显示屏。温度调节范围为16～32℃，每挡为0.5℃，当处于AUTO模式，温度调节至最高或最低时，控制器控制鼓风机以最大转速运行。

（2）风量调节。风量调节旋钮用来手动设定鼓风机转速。鼓风机转速挡位共分为8挡（0～7挡），当处于AUTO模式时，鼓风机转速将由系统自动控制。手动操作风量调节旋钮时，系统状态由自动模式转为手动模式，AUTO标识消失。空调系统采用电压调节方式控制鼓风机转速，见表2-5。在自动状态下，鼓风机转速作为自动控制逻辑的一部分，并不限于手动状态下的7级调节，但是在显示屏上只显示7段指示条，所以指示条数量代表鼓风机的转速。

表 2-5　鼓风机转速挡位及相应的电压值

鼓风机转速挡位	鼓风机端电压/V	鼓风机转速挡位	鼓风机端电压/V
0	0	4	6.5
1	3.5	5	8.8
2	4.5	6	11.2
3	5.2	7	12.5

（3）出风模式调节。AC空调控制器提供了手动和自动两种出风模式供选择。通过调节各出风口的出风量来控制出风模式。例如，吹面和吹脚的温度分配的不同，这样给脚部提供较温暖的空气、给面部提供较凉爽的空气，保证驾驶员始终处于舒适的环境中。温度分配的范围会受汽车空间大小的影响。

在手动设是模式下，可通过风向调节按键选择吹面、双向（向上和向下）、吹脚、混合模式，除霜模式为单独按键。在不同出风模式下，显示屏上显示其相应的标识。各出风模式对应的风向电机电压见表2-6。

表 2-6　五种出风模式对应的风向电机电压

手动设定模式	风向电机电压/V
吹面	4.5
双向	3.5
吹脚	2.5
混合	1.5
除霜	0.5

在自动状态下，出风模式是自动控制逻辑的一部分，出风模式由控制器自动选择。为达到舒适程度，AC空调控制器选择一个当时最接近的模式显示在显示屏上。当对出风模式按键进行操作时，系统将从自动模式转到手动模式。

（4）内外循环控制。电动空调系统提供两种内外循环控制模式，分别是手动内循环和手动外循环，高配的电动空调系统还带有自动循环模式（AQS）。通过操作内外循环按键和

AUTO按键来控制循环模式,AC空调控制器根据设定的温度值、当前车外环境温度、蒸发器表面温度、车速信号、冷却液温度信号、阳光强度及AQS信号等,输入给热管理控制器计算内外循环风门位置。用户可以通过操作AUTO按键或者内外循环按键切换至AQS模式,使内外循环模式控制进入自动模式。在自动模式中,当内循环模式保持45min时,自动强制切换为外循环模式并保持30s,30s后回到内循环模式,当与空气质量指令冲突时,优先执行空气质量指令。

(5)除霜控制。用户通过操作前除霜按键进入最大除霜模式,进入最大除霜模式后,吹风模式自动变为除霜模式,此时鼓风机转速最大。

① 前风窗玻璃除霜功能。在任意工作状态下(自动、手动、停止),按下除霜按键,系统即在除霜状态下工作。除霜状态解除后,系统即回到除霜前的状态(自动、手动、关机)。在除霜状态下,转动风速调节旋钮会使风速相应地提高或降低,工作状态保持除霜,压缩机继续工作,出风模式保持吹玻璃。在除霜过程中,除风速调节、温度调节和后除霜按键外,对其他按键的操作都会使系统离开除霜模式而回到除霜前的模式。

② 后除霜功能。后除霜按键用来启动后风窗玻璃除霜功能。在后风窗玻璃除霜期间,后除霜按键指示灯点亮,关闭后除霜功能,则指示灯熄灭。用户可以再次按下后除霜按键取消后除霜功能。

(6)自动与手动工作状态。空调系统有自动(AUTO)、手动(MANU)和停止(OFF)三种状态。用户在按下AUTO按键后,车内设定温度自动跳转至23℃,内外循环根据当前工作状态进行调整(制冷工况进入内循环状态,采暖工况进入外循环状态)且在调整温度时不退出自动模式。用户可以通过操作MODE按键、AC按键、风量调节旋钮使压缩机控制方法进入手动模式。

(7)压缩机控制策略。电动空调压缩机的启动需同时满足保护控制策略和启动请求策略。

① 保护控制策略。

a. 蒸发器温度见表2-7。

表2-7 蒸发器温度

≥4℃	允许压缩机启动
≤0℃	禁止压缩机启动

b. 环境温度见表2-8。

表2-8 环境温度

≥-1℃	允许压缩机启动
≤-3℃	禁止压缩机启动

c. 空调高压、低压开关见表2-9。

表 2-9　空调高压、低压开关

0.196MPa≤p≤3.14MPa	允许压缩机启动
p＜0.196MPa 或 p＞3.14MPa	禁止压缩机启动

② 启动请求策略。

　　a. 启动请求1：打开AC按键，请求压缩机启动。

　　b. 启动请求2：在AUTO模式下，根据实际情况自动开启制冷系统，请求压缩机启动。

　　c. 启动请求3：BMS有电池冷却需求，且环境温度高于16℃，请求压缩机启动。

六、项目实施

项目实施准备

安全防护：做好车辆安全防护与隔离（轮胎挡块、警示隔离带、高压危险警示牌）。
工具设备：数字万用表、歧管压力表、故障诊断仪、制冷剂回收加注机。
实训车辆：吉利帝豪EV450。
辅助资料：汽车原厂维修手册、原厂电路图。

实训任务一　电动空调系统的认知

1. 接受任务

你知道新能源空调系统与传统汽车空调系统的异同吗？你知道新能源汽车空调系统（也称电动空调系统）的组成部件和工作原理吗？请在真实车辆上找出电动空调系统的各部件，并进行电动空调系统的正确操作与性能检测。

2. 收集信息

（1）EV450空调制冷系统的四大部件为_____、_____、_____、_____。

（2）EV450空调制冷系统有两个蒸发回路，一个蒸发器置于_____，用于乘员舱制冷；另一个蒸发器置于_____，用于动力电池冷却。

（3）简述制冷系统工作的四个过程。

（4）根据图2-40中EV450空调系统的部件编号及表2-10中的部件名称，解释各部件的作用。

表 2-10　EV450 电动空调系统的部件名称

编号	部件名称	编号	部件名称	编号	部件名称
1	压缩机	5	鼓风机	9	加热器芯体
2	冷凝器	6	蒸发器	10	三通电磁阀
3	制冷管路电磁阀	7	PTC加热器水泵	11	热交换器电磁阀
4	膨胀阀	8	PTC加热器	12	膨胀阀

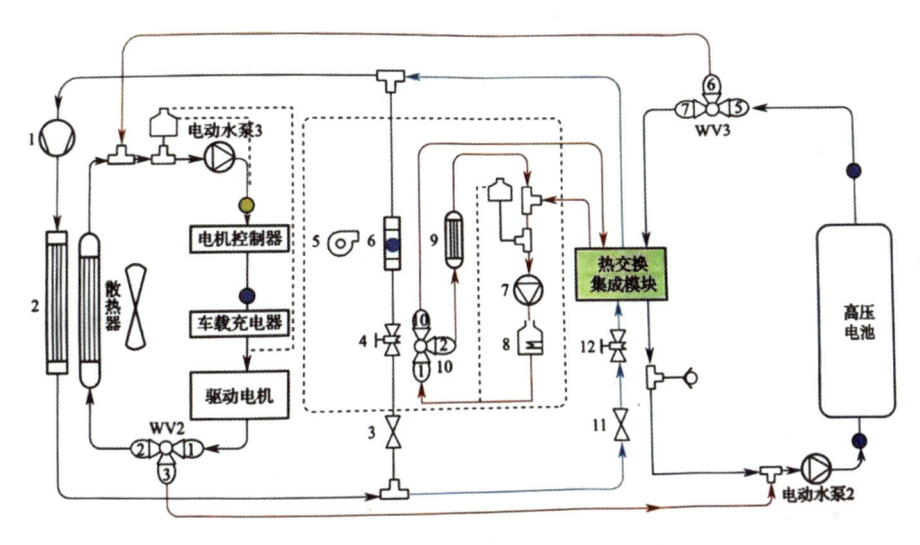

图 2-40　吉利帝豪 EV450 整车热管理系统结构

3. 任务实施

（1）作业前准备工作（场地布置、防护装备检查与穿戴、仪器设备检查、汽车防护三件套安装）。

（2）记录车辆信息。

（3）认知电动空调系统部件。

（4）空调控制面板功能操作。

（5）电动空调系统LIN总线检测。

（6）清理并恢复场地。

实训任务二　电动压缩机不工作的故障检修

1. 接受任务

一辆2018款吉利帝豪EV450汽车按下AC开关，空调不制冷，车间主管初步诊断电动压缩机不工作。

你知道汽车空调系统的工作原理吗？请你对空调系统不制冷的故障进行诊断与排除。

2. 收集信息

（1）吉利帝豪EV450汽车采用_____压缩机，工作电压为_____V，电动压缩机控制器工作电压为_____V，有制冷剂时绝缘阻值大于_____Ω，泄压阀压力为_____MPa。

（2）吉利帝豪EV450空调压缩机的蒸发器温度为_____时，允许电动压缩机工作。

（3）吉利帝豪EV450汽车当环境温度为_____时，允许电动压缩机工作。

（4）温度为25℃时，车外温度传感器电阻为_____kΩ。

（5）吉利帝豪EV450电动空调系统采用_____膨胀阀。

（6）电动压缩机控制器的低压连接器编号为_____，AC空调控制面板连接器编号为

_____，AC空调控制器连接器编号为_____。

（7）查阅吉利帝豪EV450汽车的电路图，电动压缩机电路图中主要部件有_____。

3. 任务实施

（1）作业前准备工作（场地布置、防护装备检查与穿戴、仪器设备检查、汽车防护三件套安装）。

（2）记录车辆信息。

（3）基本检查。

（4）故障现象确认。

（5）读取故障码、数据流。

（6）故障范围分析。

（7）检查空调制冷系统高、低压侧压力。

（8）检查蒸发器温度传感器、车外温度传感器和阳光传感器。

（9）检查保险丝EF30是否熔断。

（10）检查电动压缩机控制器低压电源与接地间电压。

（11）检查空调压力开关保险丝EF12。

（12）检查空调压力开关线路。

（13）检查电动压缩机高压电源电压。

（14）故障恢复验证。

（15）清理并恢复场地。

4. 复习题

（1）汽车空调主要对_____、_____、_____、_____四项指标进行调节。

（2）工质的基本状态参数有_____、_____、_____。

（3）1bar约等于_____MPa。

（4）液体变为气体有_____和_____两种方式。

（5）R134a与矿物油不相溶，故相应的制冷系统需采用_____冷冻油。

（6）斜盘式压缩机可分为_____和_____。

（7）电控无离合器变排量斜盘式电动空调压缩机的变排量装置为_____。

（8）冷凝器有_____、_____、_____三种结构形式。

（9）吉利帝豪EV450汽车的蒸发器温度低于_____℃时，电动压缩机停止工作；温度增加至_____℃以上时，电动压缩机重新开始工作。

项目三 新能源汽车空调供暖系统及检测

项目导入

你知道新能源汽车空调供暖系统与传统汽车空调供暖系统的不同吗？你知道新能源汽车空调供暖系统的类型、组成和工作原理吗？吉利帝豪 EV450 汽车供暖系统 PTC 加热器不工作将导致空调无暖风，影响动力电池加热，请对 EV450 汽车空调供暖系统的 PTC 加热器不工作、PTC 加热器水泵不工作、无暖风的故障进行诊断与排除。

学习目标

✿ 知识目标层面

掌握新能源汽车空调供暖系统的类型、组成和工作原理。
掌握吉利帝豪 EV450 电动空调供暖系统的组成。
掌握吉利帝豪 EV450 电动空调供暖系统的工作原理和特点。
掌握 PTC 加热器的工作原理。
掌握 PTC 加热器的检测方法。
掌握 PTC 加热器水泵的检测方法。
掌握吉利帝豪 EV450 空调供暖系统无暖风的故障检测方法。

✿ 能力目标层面

能正确认知吉利帝豪 EV450 空调供暖系统的各组成部件。
能正确画出吉利帝豪 EV450 空调供暖系统原理框图。
能正确查阅 PTC 加热器电路图及相关故障代码。
能正确运用仪器设备对 PTC 加热器进行检测。
能正确运用仪器设备对 PTC 加热器水泵进行检测。
能正确对吉利帝豪 EV450 空调供暖系统无暖风的故障进行诊断与排除。

✿ 素质目标层面

能够严格执行企业检修标准流程。
能够严格执行企业 6S 管理制度。
培养严谨求实的工匠精神、热爱劳动的好品质。

> 知识链接

一、传统汽车空调供暖系统

汽车的使用地域非常广，环境温度从-40～50℃，汽车在低温环境下工作时，需要对乘员舱进行供暖，因此汽车空调系统需要有供暖系统（制热系统）。汽车空调供暖系统的作用就是与制冷系统一起对乘员舱的空气温度、湿度等进行调节，在冬季向车内提供暖风，提高车内空气温度；在夏季高温时，向车内提供冷空气；使车内空气处于一个舒适的温度范围。同时，当车上玻璃结霜或结雾时，它可以输送热风（用来除霜或除雾）。

传统汽车空调供暖系统按照使用的热源可分为发动机余热式和独立燃烧式，按供暖的载体可分为水暖式和气暖式。

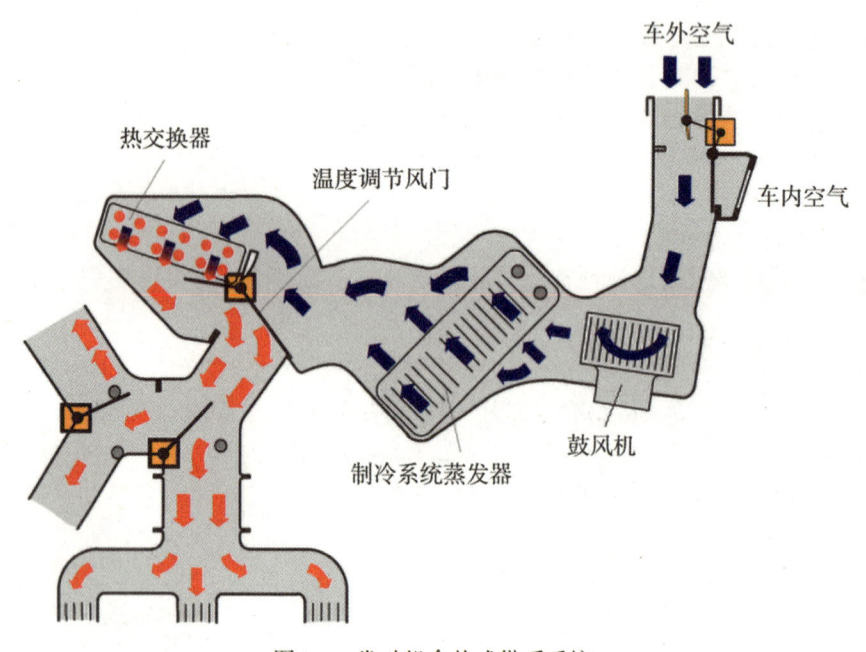

1. 发动机余热式供暖系统

发动机余热式供暖系统以发动机冷却系统中的冷却液作为热源，将冷却液引入置于空调箱总成的热交换器（暖风水箱）中，鼓风机送来的车内空气（内循环气流）或车外空气（外循环气流）经过制冷系统蒸发器，再由温度调节风门控制流过热交换器形成供暖的热气流，如图3-1所示。

图 3-1 发动机余热式供暖系统

当温度调节风门控制通过热交换器的空气流量大时，出风口温度升高；当温度调节风门控制通过热交换器的空气流量小时，出风口温度降低。加热后的空气暖风从出风口送入乘员舱，提高车内温度。暖风还可以通过挡风玻璃下面的除霜（或除雾）出风口吹到挡风玻璃上，以保持挡风玻璃温度在露点之上，防止起雾或结霜。目前，传统乘用车、商用客车的空调系统普遍采用这种供暖方式。

发动机余热式供暖系统除了通过温度调节风门调节出风温度，还可以通过调节进入热交换器的发动机冷却液流量来控制温度。热交换器冷却液流量调节主要有两种方式：节温器调节式和暖风水阀（电磁阀）调节式。用节温器进行调节是最简单的暖风调节方式，目前许多车型采用的是这种方式，如图3-2所示。

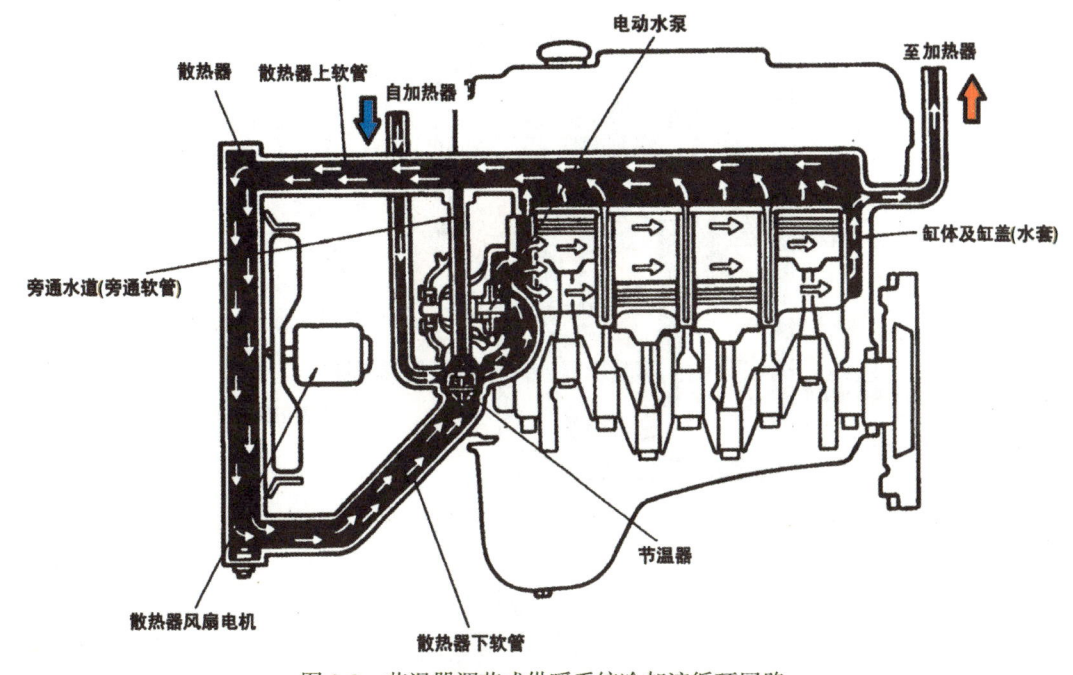

图 3-2 节温器调节式供暖系统冷却液循环回路

因为管路中间没有暖风水阀（或电磁阀），所以暖风水箱处于常热的状态。随着对车辆热管理能效的要求越来越高，越来越多的车型采用暖风水阀（电磁阀）、电动水泵来调节暖风水箱冷却液的流量。在大众的第三代EA888发动机上，大众推出了创新型发动机热能管理系统，它在原来传统节温器控制大、小循环的基础上，运用电控旋转阀组件对发动机冷却系统及空调供暖系统的冷却液液流进行流向和流量的精确控制，如图3-3所示。

该发动机电控旋转阀组件包含2个旋转滑阀、用于控制冷却液液流的发动机温度调节执行器N493、带转向角度传感器的齿轮和驱动冷却液泵的平衡轴齿形皮带。2个旋转滑阀由发动机温度调节执行器N493通过电力驱动。旋转滑阀1通过一根轴由发动机温度调节执行器N493直接驱动。旋转滑阀2通过一个中间齿轮（针齿轮）在旋转阀1上齿形门的作用力下运转。这表明旋转滑阀1与旋转滑阀2是通过机械方式联动的，在运转时会互相协作。恒温器带有扩充元件，其功能是作为一个安全装置（紧急恒温器），发生故障时启动，如图3-4所示。

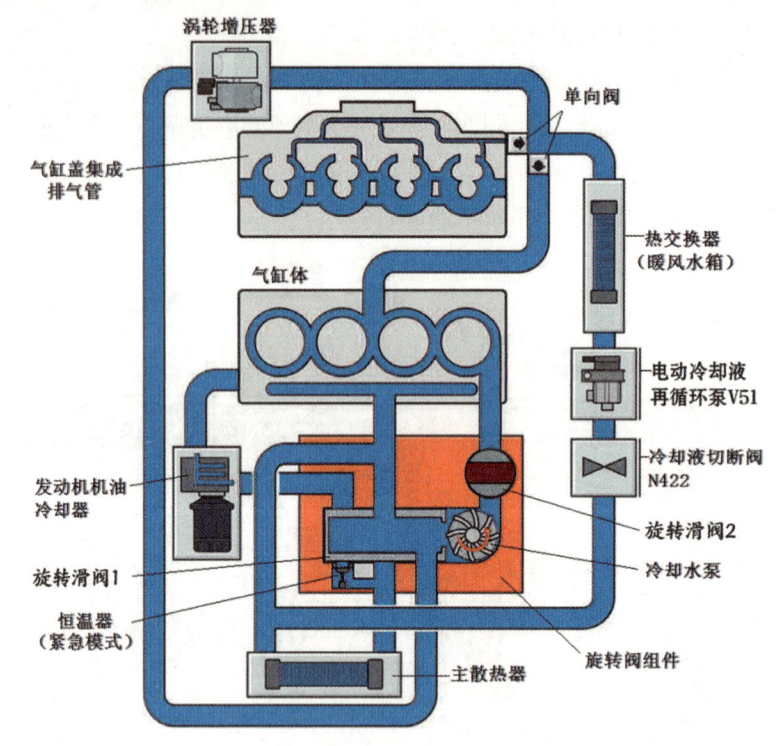

图 3-3 大众 EA888 发动机热能管理系统

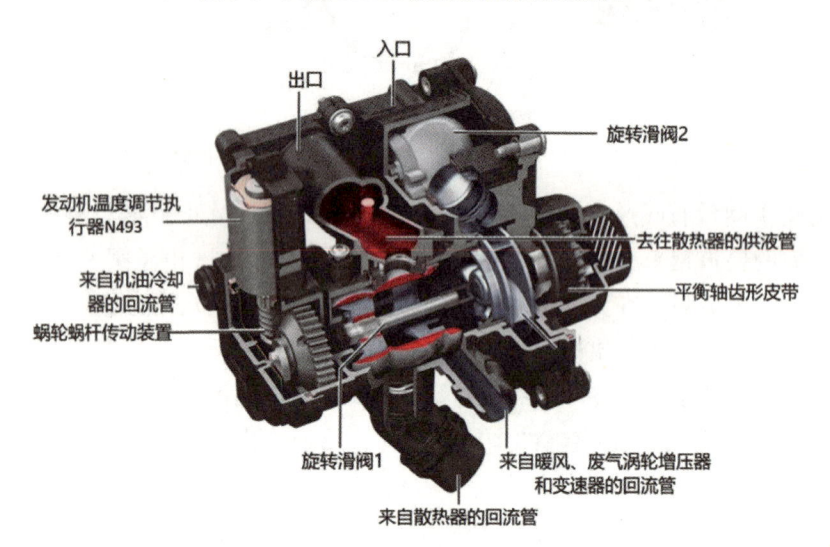

图 3-4 发动机温度调节执行器构件

发动机暖机达到一定温度后，若需要对车内制暖，则AC空调控制器控制冷却液切断阀N422开启，且电动冷却液再循环泵V51开始输送液体。旋转滑阀2暂时中断冷却液流向气缸体。冷却液被导向气缸盖、涡轮增压器和热交换器（暖风水箱），这会让发动机的暖机阶段时间加长。发动机暖机后，AC空调控制器根据供暖的需求，N422开启且V51启动，精确对供暖冷却液流量进行控制，如图3-5所示。

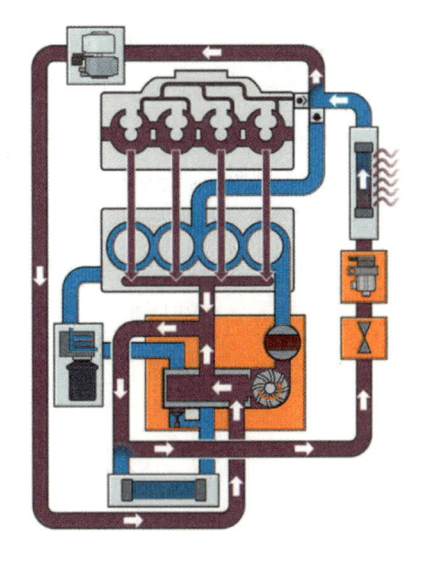

图 3-5　空调供暖冷却液循环（暖机初期）

如图3-6所示，为防止冷却液在发动机停机时在涡轮增压器或气缸中沸腾，发动机控制单元可在发动机停机后，开启持续运行模式（长达15min）。持续运行模式开启时，V51启动，N422开启，热交换器参与发动机散热，同时可以为乘员舱供暖。具备发动机停机余热供暖的车型，在空调控制面板上一般设有"REST"余热供暖功能键。

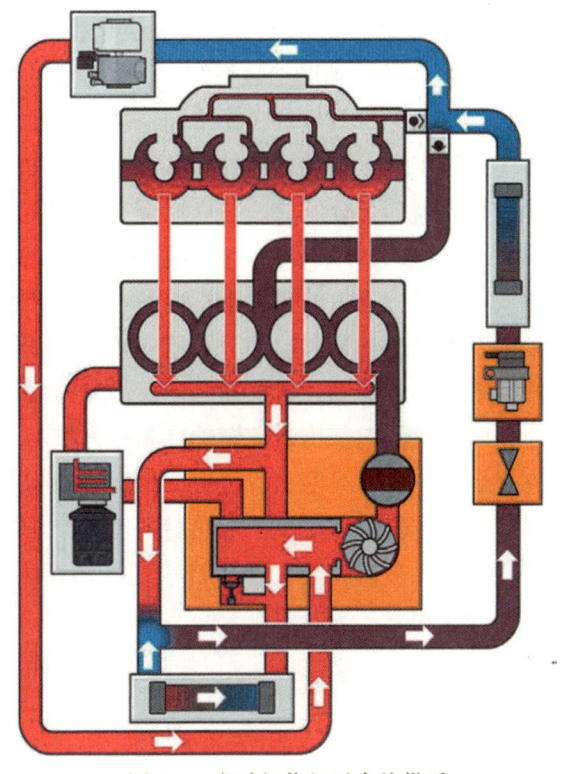

图 3-6　发动机停机后余热供暖

发动机余热式供暖系统结构简单，安全经济，但供暖受发动机运行工况的影响较大。发动机不运行时无法供暖，刚启动发动机时由于发动机冷却液的温度还较低，会造成暖风不热，正确的供暖方式应该是，先启动发动机预热，等发动机温度表的指针到中间位置后（发动机工作温度已正常）再打开暖风。此外，在极低温度下开暖风也会在一定程度上使发动机冷却液温度过低，降低发动机热效率，消耗发动机动力。发动机冷却液不足、节温器故障、暖风水箱堵塞等均会造成供暖不足，暖风温度低。发动机余热式供暖系统的热交换器主要有管片式和管带式两种。管带式热交换器因换热效率高、体积小、重量轻，在乘用车中使用广泛。

2. 独立燃烧式供暖系统

发动机余热式供暖系统受发动机功率和工况的影响较大，发动机低速小负荷工况之时、发动机处于停机状态或车辆处于极寒天气状态下，供暖效果不佳或不能采暖。为了弥补发动机余热式供暖的不足，部分极寒地区使用的车辆采用了独立燃烧式供暖系统。独立燃烧式供暖系统的供暖热容量大，热效率可达86%以上。这种系统一般可使用煤油、轻柴油作为燃料。独立燃烧式供暖系统有空气加热式和液体加热式两种，空气加热式将乘员舱的空气与供暖系统燃气直接进行交换，提供暖风，此时暖风是高温干热状态，人员的舒适性差，不适宜直接进行采暖，而且换热效率相对较低。液体加热式以冷却液作为换热介质提供暖风，可以与发动机余热式供暖系统相结合，提供温度、湿度适宜的暖风，而且在严寒情况下可以为发动机、润滑油和蓄电池预热，是目前较为理想的一种独立燃烧式供暖系统。

图3-7所示为奥迪（柴油车型）停车辅助加热系统，该系统是一种独立燃烧式（液体加热）供暖系统。该供暖系统与发动机余热式供暖系统相结合，当发动机余热供暖不足时，为空调供暖系统热交换器（暖风水箱）提供辅助加热。停车辅助加热系统由独立燃烧室、热交换器、燃烧供给系统和控制器四部分组成。独立燃烧室由燃油鼓风机、雾化器（扩压器）、火焰传感器、引火塞、排气装置等组成。热交换器位于燃烧室后端，由双层腔组成，内腔通过的是燃烧的高温气体，外腔通过的是发动机冷却液，两者在此进行热交换。燃油供给系统包括油箱、输油管、计量燃油泵和燃油分布器。控制系统包括（供暖系统）控制器、火焰传感器等，供暖系统控制器控制计量燃油泵向燃油分布器供油，燃油分布器直接装在燃油鼓风机上，在工作时，由其内部出来的燃油在离心力作用下雾化。雾化的燃油与空气混合进入燃烧室，在燃烧室中被引火塞点着燃烧，燃烧后的高温气体与外层的冷却液进行热交换，换热后的燃气经由排气装置排出。加热后的冷却液在循环水泵的作用下被带入空调供暖系统热交换器，对进入车内的空气进行加热。由于停车辅助加热系统有废气排放，所以禁止在密闭的空间中使用它。

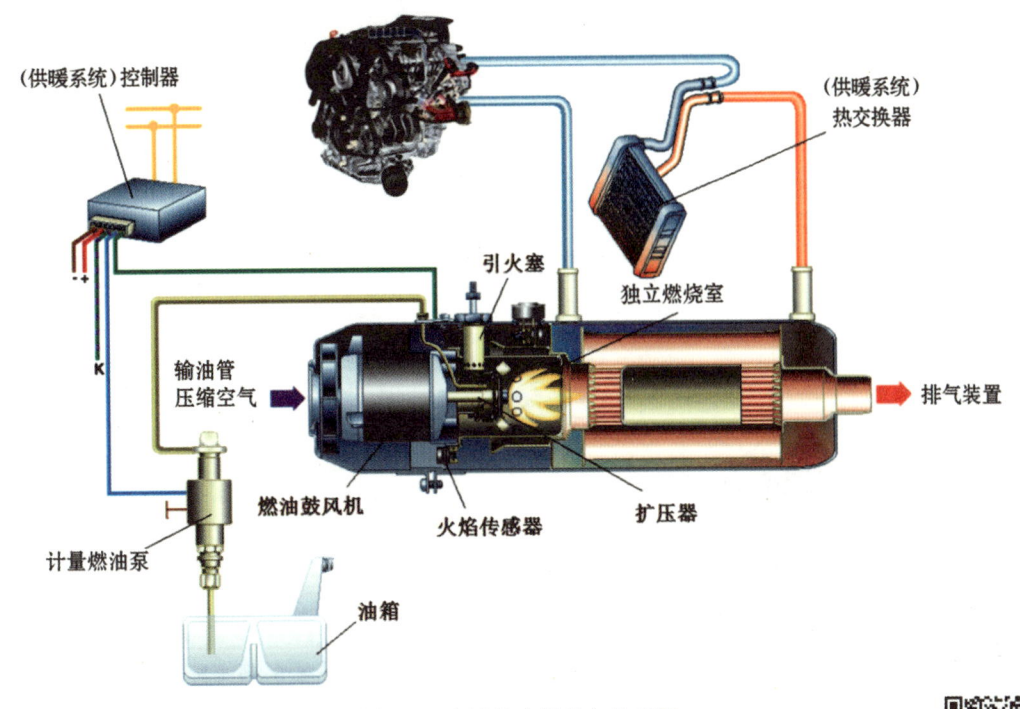

图 3-7 奥迪停车辅助加热系统

二、新能源汽车空调供暖系统

纯电动汽车由于没有传统汽车的老式发动机，无法采用发动机余热式供暖系统，故纯电动汽车乘员舱的供暖主要采用PTC加热器供暖和热泵加热供暖两种方式。其中，PTC加热器供暖又分为风暖PTC加热器和水暖PTC加热器两种类型，考虑到与动力电池热管理相结合及换热效率等因素，水暖PTC加热器是目前纯电动汽车供暖的主要形式。

1. 风暖 PTC 加热器供暖系统

风暖PTC加热器供暖系统如图3-8所示，将传统发动机余热式供暖系统的暖风水箱替换为风暖PTC加热器，利用动力电池给风暖PTC加热器供电加热。风暖PTC加热器供暖系统的优点是：暖风出风较快，减少了冷却液回路、冷却液泵和暖风水箱等部件，成本低，无须维护与保养。但由于风暖PTC加热器表面工作温度较高，流经风暖PTC加热器的气流较为干燥，所以舒适性略差，而且风暖PTC加热器作为高压、高温部件，安装于仪表板下的风道中，存在一定的安全隐患。另外，风暖PTC加热器无法为采用液体介质的动力电池热管理系统加热，所以风暖PTC加热器供暖系统的应用相对较少，多作为辅助加热系统。

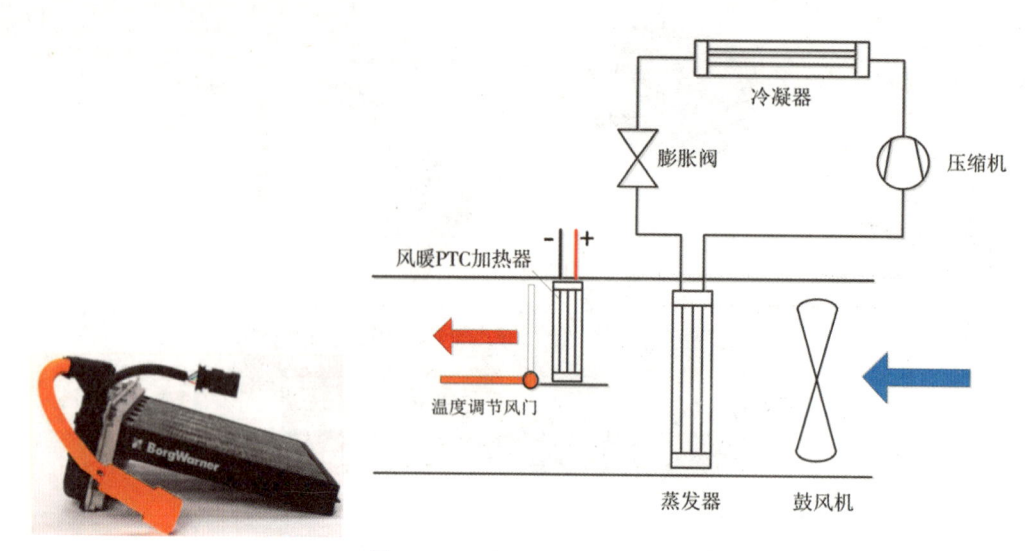

图 3-8　风暖 PTC 加热器供暖系统

2. 水暖 PTC 加热器供暖系统

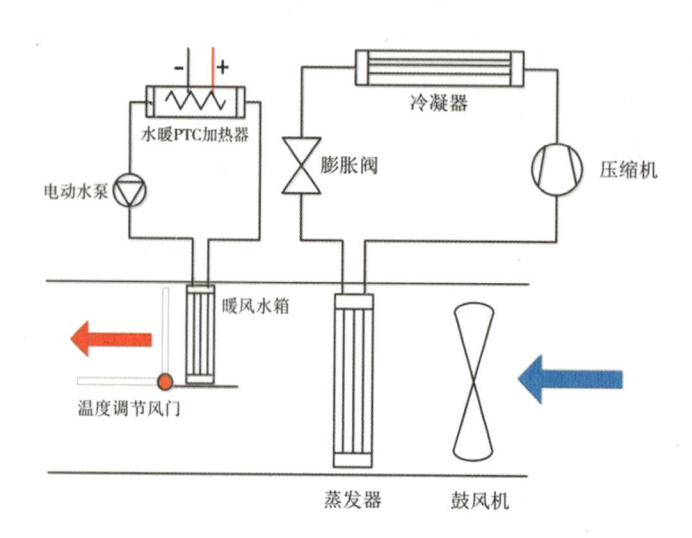

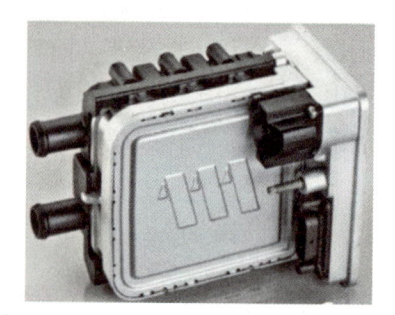

水暖PTC加热器供暖系统保留了传统汽车供暖系统中的暖风水箱（PTC加热器芯体），用水暖PTC加热器给供暖系统中的冷却液加热，加热后的冷却液在电动水泵的推动下在暖风水箱（也称热交换器）中进行热交换，对流过的空气进行加热，如图3-9所示。水暖PTC加热器供暖系统的优点在于：管路布置灵活，水暖PTC加热器可布置于发动机舱内，安全性高；通过暖风水箱对进入车内的空气加热，加热温度适中，舒适性较好。水暖PTC加热器供暖系统的冷却液回路、电动水泵（也称冷却液再循环泵）和暖风水箱可以与液体介质动力电池热管理系统相结合，便于对整车进行综合热管理，实现精确热控制，提高纯电动汽车的能效管理。

图 3-9　水暖 PTC 加热器供暖系统

3. 热泵加热供暖系统

（1）热泵系统工作原理。

PTC加热器具有热阻小、换热效率高的优点，是一种自动恒温的加热器。采用PTC电加热的供暖系统结构简单、成本低、寿命长，但直接用电加热得到热量会大大消耗纯电动汽车动力电池的电量且降低续航里程。根据统计，当冬季行驶打开PTC加热器供暖系统时，约30%的动力电池电量将用于供暖系统，纯电动汽车续航里程也相应下降约30%。为了节约动力电池的电量，提高续航里程，部分车型采用能效比更高的热泵加热供暖系统（下简称热泵系统）进行空调制热。实验结果显示，热泵系统的能效比比PTC加热器高出2～3倍，可以有效延长20%以上的续航里程。目前，电装、法雷奥、翰昂、马勒等公司均已推出车载热泵系统，并已在日产Leaf、丰田普锐斯、宝马i3、大众电动高尔夫等车型中量产装备。国产新能源汽车荣威Ei5、长安CS75 PHEV等车型也采用了热泵系统。

如图3-10所示，热泵系统与制冷系统的循环方式相似，它通过消耗电动压缩机的机械功，由低温热源吸收热量，将热量排放到高压热源中去。制冷系统消耗机械功，从车内（低温）吸收热量排放到车外（高温）；热泵系统消耗机械功，从车外（低温）吸收热量送到车内（高温）。故热泵系统的冷凝器与蒸发器的位置与制冷系统刚好相反，制冷阀的循环方向也相反。热泵系统的组成部件与制冷系统相同，包括压缩机、冷凝器（换热器）、膨胀阀和蒸发器等。热泵系统工作时，电动压缩机压缩后的高温高压制冷剂进入车内冷凝器交换热量向车内放热，经膨胀阀节流降压变成低温低压制冷剂液体进入蒸发器吸热，车外空气再被压缩机吸入，完成一个热泵循环。

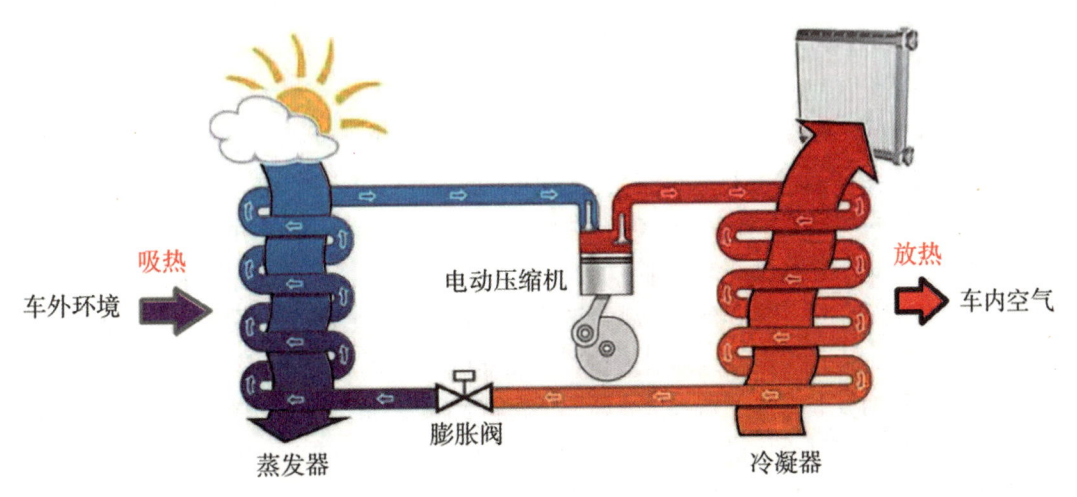

图3-10　热泵系统的工作原理

由于热泵系统与制冷系统的工作原理和组成部件是一样的，所以通常可以将热泵系统与制冷系统相结合构成热泵系统，典型热泵系统的组成如图3-11所示。热泵系统的关键零部件有换向四通阀、压缩机、电子膨胀阀、（车内/车外）换热器、气液分离器、电机等，其他零部件则与传统汽车空调系统差别不大。当热泵系统制热时，制冷剂流经压缩机、过滤器、换向四通阀、车内换热器、电子膨胀阀、车外换热器、气液分离器，最后重新流回压缩机。电动涡旋式压缩机具有结构紧凑、可靠性高、排液连续等特点，是纯电动汽车压缩机的最佳选择。换向四通阀是热泵系统运转的核心，由电磁先导阀和四通主阀通过导向毛细管路连接构成，控制制冷剂的流向，从而完成制冷制热模式的转换。换向四通阀结构复杂，是热泵系统中的易损部件。电子膨胀阀在温度调节范围、控制精度、过热度控制以及反应速度上比传统的热力膨胀阀都具有明显优势，尤其适合作为热泵系统的节流装置。热泵系统换热器需要冷热两用，既是冷凝器又是蒸发器，目前采用较多的是微通道平行流换热器。

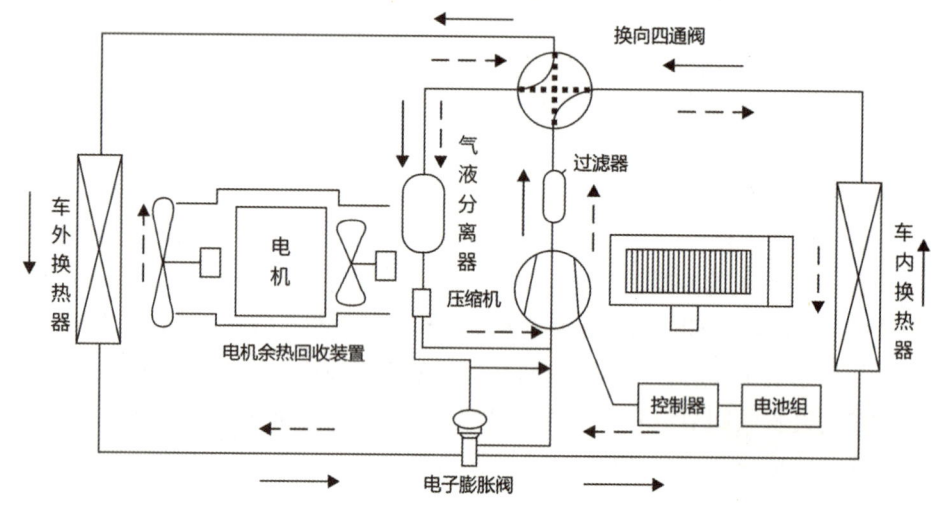

图 3-11 热泵系统的组成

（2）热泵系统类型。

汽车热泵系统根据采用的制冷剂不同可分为采用R134a制冷剂热泵系统和CO_2热泵系统，目前比较成熟的是采用R134a制冷剂的热泵系统。有研究表明，热泵系统通常在-15℃以上可实现较好的性能，制冷系数COP值可达2.3～2.5（与制冷剂和空调系统结构有关），但工作温度过低时其COP值下降明显，此时仍需借助PTC加热器进行辅助加热。图3-12所示为目前比较成熟的采用R134a制冷剂的热泵系统典型组成结构。该系统采用集成电动涡旋式压缩机驱动，由动力电池组通过逆变器（压缩机控制器）供电。该系统以自然空气为热源，在车内同时安装有冷凝器和蒸发器，通过四通阀等部件进行控制以实现制冷与制热双向循环，从而实现制冷、供暖、除霜等功能。新鲜空气从上部进入经加热后，从风窗玻璃内部表面吹出除霜，内部循环空气则由下部风道导入，经加热向乘员舱供暖。此种方式不仅比传统的新鲜空气流动方案节省能源消耗，还解决了当外界环境温度较低且车内湿度较大时由于车内空气再循环引起的结霜问题。

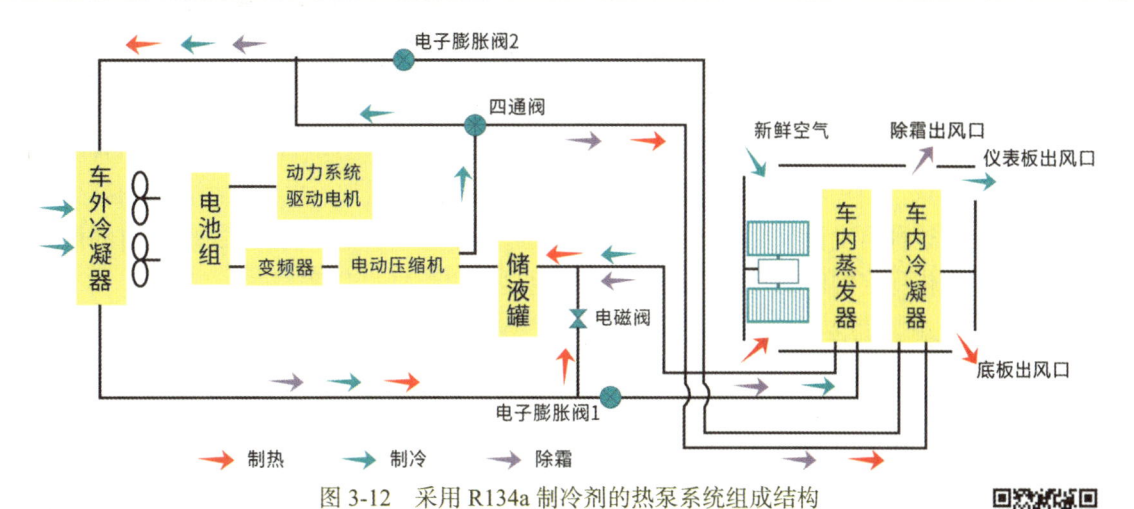

图 3-12　采用 R134a 制冷剂的热泵系统组成结构

三、PTC 加热器

PTC加热器是新能源汽车供暖系统的重要组成部分，它能够快速产生热量，为车辆提供舒适的驾乘环境。PTC加热器又叫PTC发热体，由PTC陶瓷发热元件与铝管组成。PTC加热器有热阻小、换热效率高的优点，是一种自动恒温、省电的加热器，如图3-13所示。

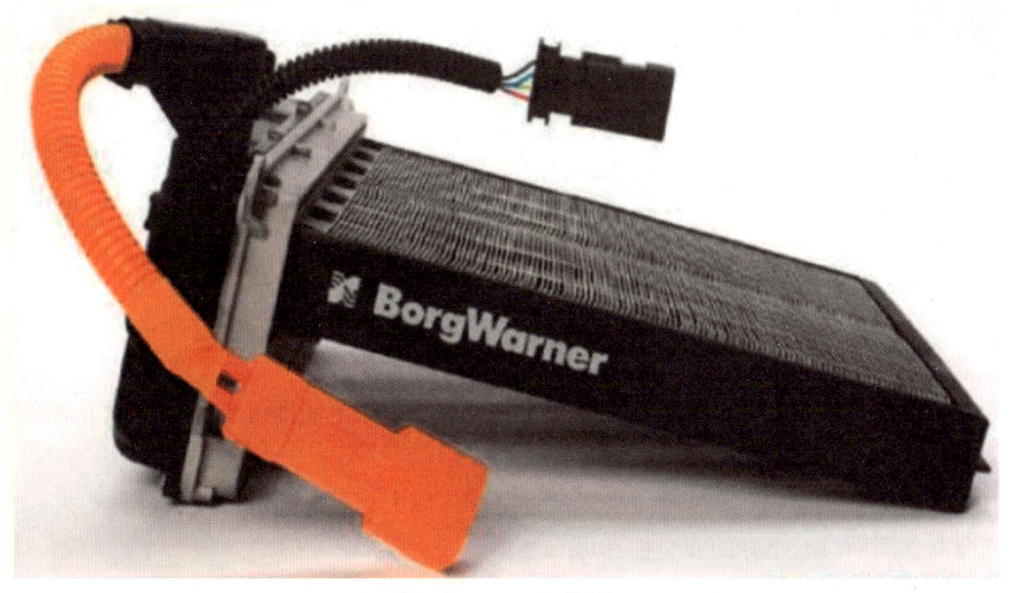

图 3-13　PTC 加热器

1. PTC 加热器的工作原理

PTC（Positive Temperature Coefficient，正温度系数）材料的特性：PTC材料是一种具有正温度系数的半导体材料，即在温度升高时，其电阻值会增加。这种特性使得PTC材料在加热器中能够起到自动调节功率的作用。

当PTC加热器通电时，电流通过PTC材料，PTC材料开始加热。随着温度的升高，PTC材料的电阻值也会增加，从而限制电流的大小。这样就能够实现自动调节功率的效果，避免加热器过热。当环境温度较低时，PTC加热器的电阻较低，电流可以通过PTC材料流动，产生较大的热量。当环境温度升高时，PTC加热器的电阻值增加，电流减小，从而减少了热量的产生。这种自动调节功率的特性使得PTC加热器能够根据环境温度的变化自动调整加热功率，提供稳定的供暖效果，并且能够避免过热和能源的浪费。

2. PTC加热器的结构组成

（1）PTC热敏电阻。PTC热敏电阻是PTC加热器的核心组件，它具有温度敏感特性，可以根据温度的变化调节电阻值及其产生的热量。

（2）散热片。散热片位于PTC热敏电阻周围，用于传导热量。散热片通常采用金属材料，具有良好的导热性能，能够将热量快速传递到散热器。

（3）散热器。散热器是PTC加热器的重要组成部分，它通过散热片将热量传递到散热器表面，并通过表面积大的散热器来增加散热效果。散热器通常采用铝合金材料制成，具有良好的散热性能。

（4）风扇。风扇位于散热器后面，主要用于将热空气吹入车内。风扇通过旋转产生气流，将散热器表面的热空气吸入，并通过出风口将热空气吹入车内，从而实现供暖效果。

（5）控制系统。PTC加热器通常配备有控制系统，用于监测车内温度，并根据温度的变化自动调节加热器的工作状态。控制系统可以通过车内控制面板或手机App进行设置和调节，方便驾驶员根据需求调整加热器的温度。

四、PTC加热器的特点和应用

1. PTC加热器的特点

（1）快速产热。PTC加热器能够快速产生热量，使车内温度迅速升高，提供舒适的驾乘环境。

（2）环保。PTC加热器不需要额外的燃料，只需利用电能即可工作，减少了对环境的污染。

（3）安全可靠。PTC加热器使用寿命可达10年以上；其发热时不发红、无明火，水电结构分离。因而具有很好的安全性和可靠性。

（4）节能。PTC加热器能够根据车内温度的需求自动调节功率，能避免能源的浪费，提高能源利用效率。

2. PTC加热器的应用

（1）新能源汽车的供暖系统。PTC加热器广泛应用于新能源汽车的供暖系统中。在寒冷的冬季，新能源汽车需要提供舒适的供暖效果，而且PTC加热器能够快速产生热量，使车内温度迅速升高，提供舒适的驾乘环境。

（2）新能源汽车的空调系统。除了供暖功能，PTC加热器还可以在新能源汽车的空调系统中使用。在冷启动时，PTC加热器可以快速产生热量，提高空调系统的加热速度，快速提升车内的温度。

（3）其他应用领域。除了新能源汽车，PTC加热器还可应用于其他领域，如家用电器、工业设备等。在这些领域中，PTC加热器同样具有快速产热、环保、安全可靠、节能等特点。

3. PTC加热器的使用注意事项

（1）定期清洁。PTC加热器在使用过程中会吸附灰尘和杂质，建议定期清洁，以保持PTC加热器的正常工作效率。

（2）避免过热。PTC加热器有过热保护功能，但为了延长使用寿命，应避免长时间高功率运行。

（3）使用安全。在使用PTC加热器时，应确保通风良好，避免因堵塞出风口而出现安全问题。

（4）定期检查。定期检查PTC加热器的工作状态，如发现异常，应及时维修或更换。

五、吉利帝豪EV450汽车的空调供暖系统

吉利帝豪EV450配备有空调供暖系统，它采用PTC加热器供热的方式。PTC加热器使用电能产生热量，通过空气循环将热量传递到车内，从而提高供暖效果。

下面对吉利帝豪EV450汽车的空调供暖系统的组成与工作原理进行介绍。

空调供暖系统由鼓风机和PTC加热器、PTC加热器水泵、PTC加热器芯体等组成。当空调系统处于供暖模式时，PTC加热器在高压电的作用下对冷却液进行加热，高温冷却液被PTC加热器水泵抽入PTC加热器芯体。同时，空调供暖系统切换至供暖方式，气流在鼓风机的作用下吹过PTC加热器，形成热量传递。外部空气在进入乘员舱前，与加热后的空气混合，吹出舒适的暖风。

如图3-14虚线框所示部分，空调供暖系统采用水暖PTC加热器，主要由① 鼓风机、② PTC加热器（HVH）、③ PTC加热器水泵（电动水泵1）、④ 膨胀阀、⑤ PTC加热器芯体（暖风水箱）和⑥ 三通电磁阀（WV1）组成。

当需要供热时，空调供暖系统的PTC加热器（HVH）工作，控制三通电磁阀（WV1）1、2号管路接通，PTC加热器水泵驱使经PTC加热器加热后的冷却液流进空调系统风道中的暖风水箱，鼓风机将车内或车外空气吹过暖风水箱，实现采暖。PTC加热器高压工作电压为300～450V、出水温度为65℃、流量为60L/h时，加热功率可达7kW。暖风水箱在流量为6L/min、进水口温度为85℃、风量为350m³/h、进风温度为20℃时，制热量为5.2kW。乘员舱供暖系统主要部件位置如图3-15所示。

— 53 —

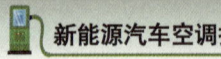

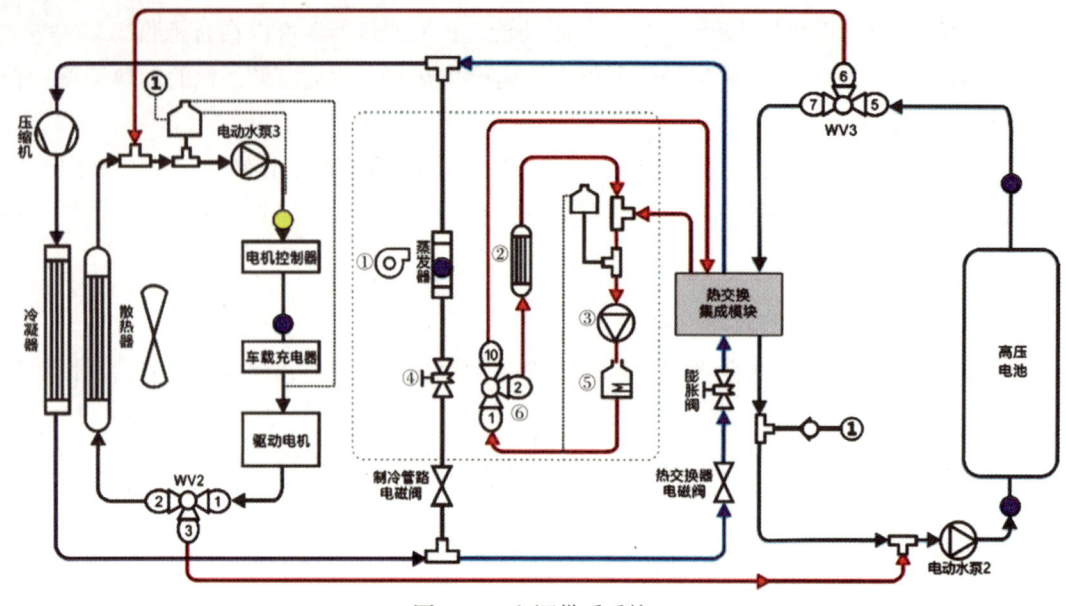

图 3-14 空调供暖系统

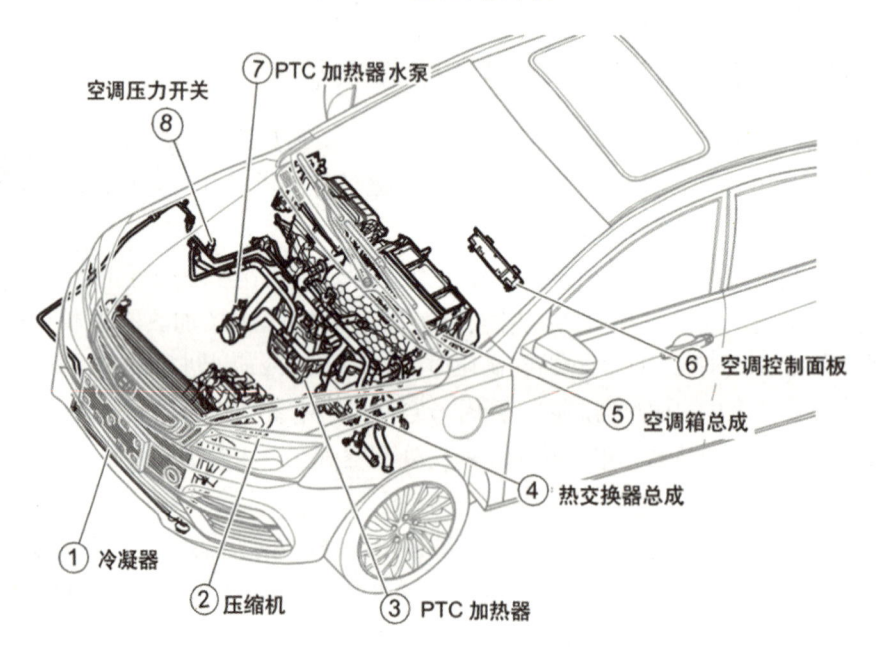

图 3-15 空调供暖系统主要部件的位置

空调供暖系统的PTC加热器、PTC加热器水泵电路图如图3-16所示。PTC加热器控制器的低压线束连接器为CA61，共8个端子。CA61/1为低压供电端子，由热管理继电器ER11通过保险丝EF14（10A）供电。

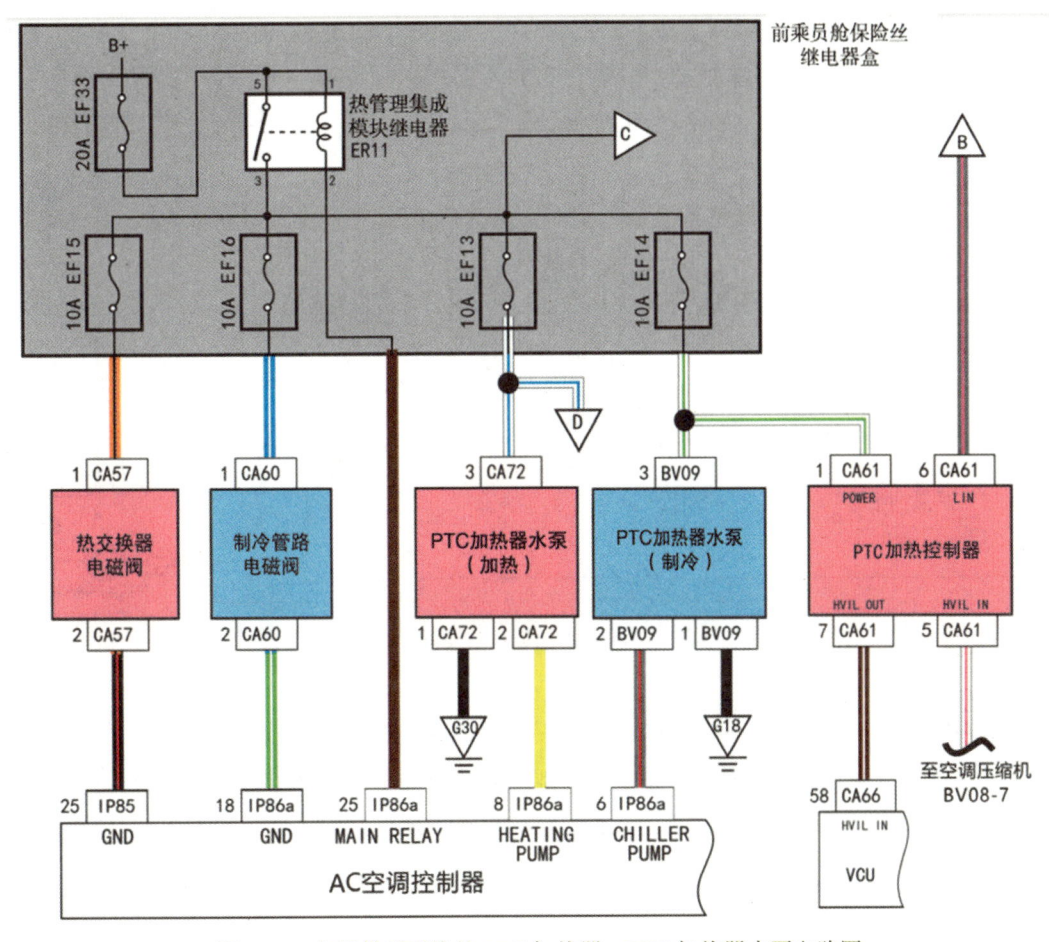

图 3-16 空调供暖系统的 PTC 加热器、PTC 加热器水泵电路图

如图3-17所示，吉利帝豪EV450的空调供暖系统还肩负着动力电池加热的任务。当动力电池温度低于-10℃时，热管理集成模块控制三通电磁阀WV1的1与10管路接通、三通电磁阀WV3的5与7管路接通，启动PTC加热器并控制PTC加热器水泵2（Pump2）、PTC加热器水泵1（Pump1），驱动动力电池加热冷却液回路与供暖系统的PTC加热器冷却液回路在热交换集成模块中实现热量的传递，给动力电池加热。并随时根据动力电池温度的变化和PTC暖风水箱温度传感器的信号调整水泵转速和PTC加热器功率，精确控制动力电池温度。

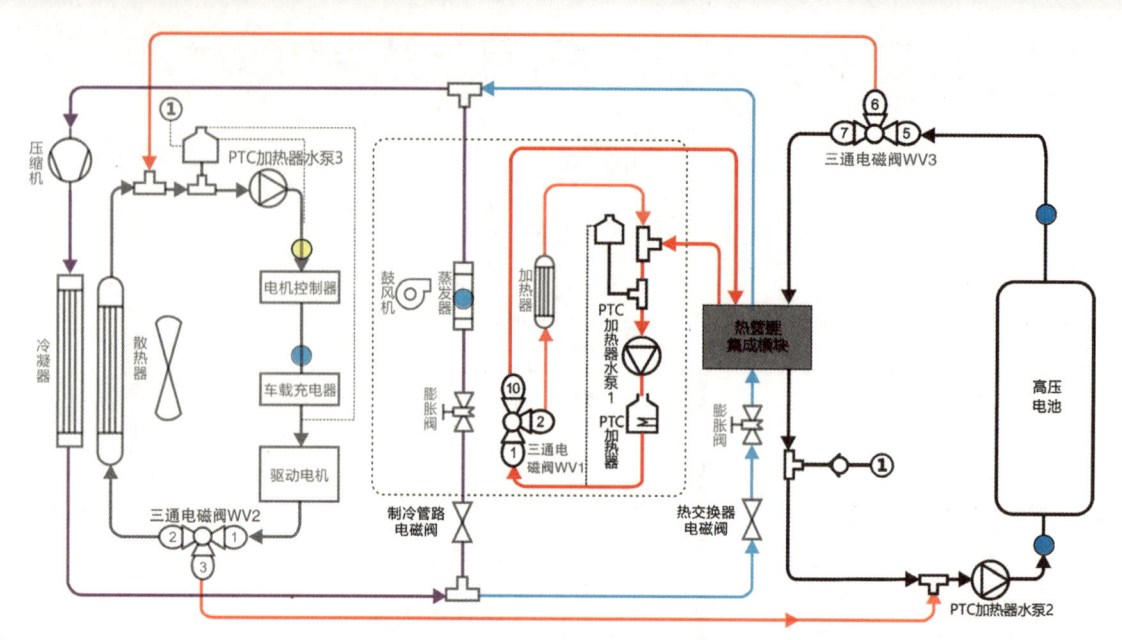

图 3-17　动力电池加热时冷却液回路

实训任务一　空调 PTC 加热器控制器的检测

吉利帝豪EV450汽车空调供暖系统PTC加热器（下简称空调PTC加热器，在无歧义时再简称为PTC加热器）控制器不工作将导致空调无暖风，影响动力电池加热，请对EV450汽车PTC加热器控制器进行检测。

1. 任务实施准备

安全防护：做好车辆安全与隔离（轮胎挡块、警示隔离带、高压危险警示牌）。
工具设备：数字万用表、歧管压力表、故障诊断仪、制冷剂回收加注机。
实训车辆：吉利帝豪EV450。
辅助资料：汽车原厂维修手册、原厂电路图。

2. 收集信息

PTC加热器是空调供暖系统的核心部件，若PTC加热器故障，将导致无暖风、暖风温度偏低或动力电池温度过低等故障。

图3-18是吉利帝豪EV450汽车的高压电气线路图，高压电气设备通过集成于车载充电机总成中的分线盒配电。PTC加热器高压供电由车载充电机分线盒通过40A保险丝HF05供电，高压连接器分别为BV33、BV32。

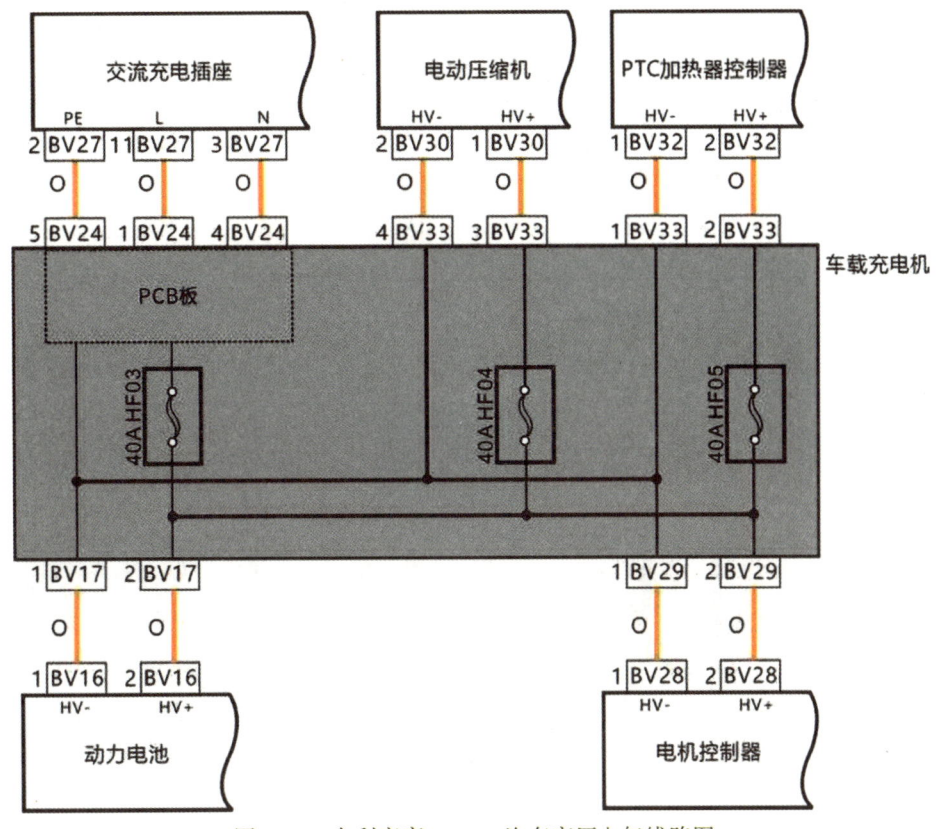

图 3-18　吉利帝豪 EV450 汽车高压电气线路图

（1）传统汽车空调供暖系统按使用的热源可分为_____和_____。

（2）目前传统汽车空调系统主要采用_____供暖方式。

（3）新能源汽车的空调供暖系统主要有_____和_____两种方式。

（4）采用PTC加热器供暖系统会消耗_____的电量，从而降低车辆的续航里程。

（5）_____的能效比比PTC加热器高出2～3倍，是新能源汽车最有前景的供暖方式。

（6）热泵系统的组成部件包括_____、_____、_____、_____等。

（7）吉利帝豪EV450汽车的PTC加热器控制器高压连接器编号为_____，高压工作电压为_____V。

（8）查阅电路图，吉利帝豪EV450汽车的PTC加热器控制器低压连接电路图页码为_____，PTC加热器低压连接器编号为_____。

（9）画出PTC加热器水泵控制电路图，如图3-19所示。

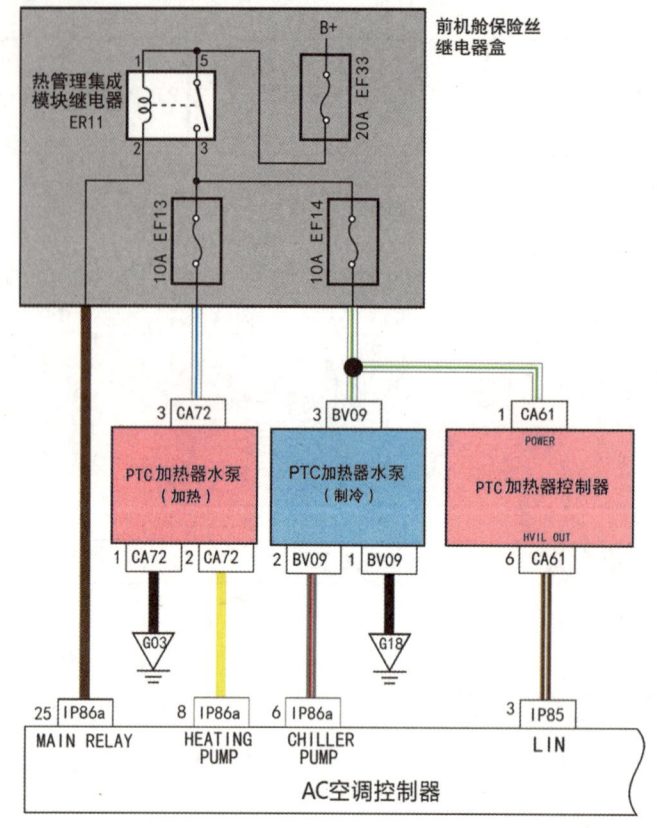

图3-19　PTC加热器水泵控制电路图

3. 制订计划

（1）作业前准备工作（场地布置、防护装备检查与穿戴、仪器设备检查、汽车防护三件套安装）。

（2）记录车辆信息。

（3）用故障诊断仪读取故障码。

（4）找到PTC加热器系统各组成部件。

（5）检查PTC加热器控制器保险丝EF14的通断情况。

（6）检查PTC加热器低压供电端。

（7）检查PTC加热器与AC空调控制器之间线束连接是否正常。

（8）清理并恢复场地。

4. 任务实施

步骤	操作		结果
1	用故障诊断仪读取故障码		
	A	连接故障诊断仪，把启动开关打至 ON 挡	
	B	读取故障代码	无：转步骤 2
	C	按故障代码排除故障	
2	检查 PTC 加热器控制器保险丝 EF14		
	A	检查 EF14 是否熔断	否：转步骤 4
3	检修 EF14 线路		
	A	检查 EF14 线路是否有短路故障	是：检修线路
	B	更换额定电流的保险丝 EF14（10A）	
	C	确认是否正常工作	是：系统正常
4	检查 PTC 加热器电源线路		
	A	将启动开关打至 OFF 挡	
	B	断开 PTC 加热器控制器的线束连接器 CA61 处的连接线束	PTC 加热器控制器的线束连接器 CA61
	C	将启动开关打至 ON 挡，启动 PTC 加热器	
	D	测量 CA61/1 与车身接地之间的电压值（标准：11～14V）	否：修理或更换线束
5	检查 PTC 加热器与 AC 空调控制器之间的线束		
	A	将启动开关打至 OFF 挡	
	B	断开 CA61	
	C	断开 AC 空调控制器线束连接器 IP85	AC 空调控制器线束连接器 IP85
	D	测量 CA61/6 与 IP85/3 之间的电阻值（标准：小于 12Ω）	否：修理或更换线束
6	更换 PTC 加热器		
	A	将启动开关打至 OFF 挡	
	B	断开蓄电池负极电缆	
	C	更换 PTC 加热器	
	D	确认故障排除	

实训任务二　空调 PTC 加热器水泵的检测

吉利帝豪EV450汽车采用水暖式PTC加热器系统，PTC加热器水泵推动冷却液流进暖风水箱供暖，若PTC加热器水泵不工作，将导致空调无暖风，低温环境也会影响动力电池的加热。请你对该车的PTC加热器水泵进行检测。

1. 任务实施准备

安全防护：做好车辆安全与隔离（轮胎挡块、警示隔离带、高压危险警示牌）。
工具设备：数字万用表、歧管压力表、故障诊断仪、制冷剂回收加注机。
实训车辆：吉利帝豪EV450。
辅助资料：汽车原厂维修手册、原厂电路图。

2. 收集信息

吉利帝豪EV450空调供暖系统的PTC加热器水泵推动冷却液循环，将PTC加热器加热后的冷却液送到PTC加热器芯体，鼓风机将暖风从各出风口送出。同时，PTC加热器控制器还负责在低温下（<-10℃）给动力电池加热。动力电池需要加热时，通过三通电磁阀将PTC加热器加热后的冷却液送到热交换器，加热动力电池冷却液。若PTC加热器水泵不工作或者转速低，将导致供暖系统暖风不热或无暖风、PTC加热器芯体温度明显偏低的故障。PTC加热器水泵控制电路图如图3-20所示。

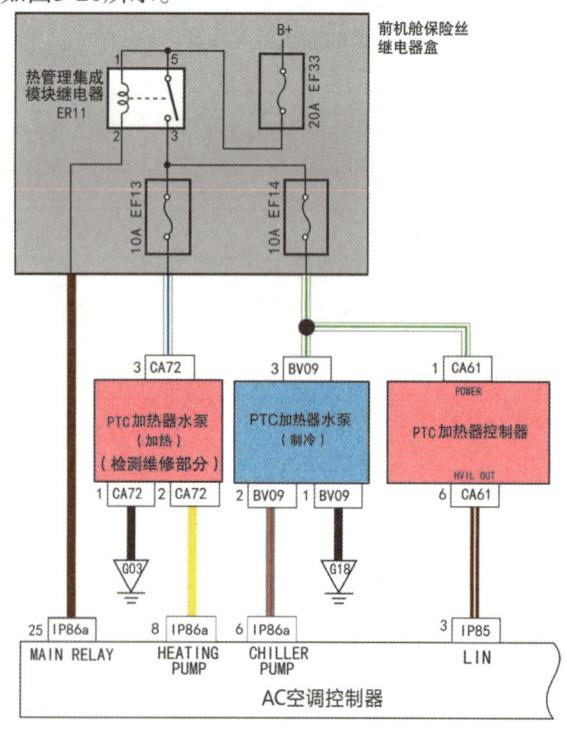

图3-20　PTC加热器水泵控制电路图

（1）吉利帝豪EV450汽车采用水暖PTC加热器，其主要部件包括_____、_____、_____、_____、_____和_____。

（2）吉利帝豪EV450汽车的PTC加热器由_____通过_____信号进行控制。

（3）查阅电路图，吉利帝豪EV450汽车的PTC加热器水泵电路图页码为_____，PTC加热器水泵连接器编号为_____。

（4）画出PTC加热器水泵电路的简图。

3. 制订计划

（1）作业前准备工作（场地布置、防护装备检查与穿戴、仪器设备检查、汽车防护三件套安装）。

（2）记录车辆信息。

（3）用故障诊断仪读取故障码。

（4）检查PTC加热器水泵保险丝EF13。

（5）检查PTC加热器水泵供电端。

（6）检查PTC加热器水泵与AC空调控制器之间的线束。

（7）检查PTC加热器水泵的接地状况是否良好。

（8）清理并恢复场地。

4. 任务实施

步骤		操作	结果
1		用故障诊断仪读取故障码	
	A	连接故障诊断仪，将启动开关打至ON挡	
	B	读取故障代码	无：转步骤2
2		检查PTC加热器水泵保险丝EF13	
	A	检查EF13是否熔断	否：转步骤4
3		检修EF13线路	
	A	检查EF13线路是否有短路故障	是：检修线路
	B	更换额定电流的保险丝——EF13（10A）	
	C	确认是否正常工作	是：系统正常
4		检查PTC加热器水泵电源线路	
	A	将启动开关打至OFF挡	
	B	断开蓄电池负极电缆，等待至少90s	
	C	断开PTC加热器水泵线束连接器CA72的连接线束	PTC加热器水泵线束连接器CA72

（续表）

步骤		操作	结果
4	D	断开前舱保险丝继电器盒线束连接器	
	E	测量PTC加热器水泵线束连接器CA72/3与前舱保险丝继电器盒线束连接器端子之间的电阻值（标准：小于1Ω）	否：修理或更换线束
5		检查PTC加热器水泵与AC空调控制器之间的线束	
	A	将启动开关打至OFF挡	
	B	断开蓄电池负极电缆，等待至少90s	
	C	断开AC空调控制器线束连接器IP86a	AC空调控制器线束连接器IP86a
	D	测量PTC加热器水泵连接器CA72/2与IP86a/8之间的电阻值（标准：小于10Ω）	否：修理或更换线束
6		检查PTC加热器水泵接地线路	
	A	将启动开关打至OFF挡	
	B	断开蓄电池负极电缆，等待至少90s	
	C	断开PTC加热器水泵线束连接器CA72	
	D	测量CA72/1与车身接地之间的电阻值（标准：小于1Ω）	否：修理或更换线束
7		更换PTC加热器水泵	
	A	将启动开关打至OFF挡	
	B	断开蓄电池负极电缆，等待至少90s	
	C	更换PTC加热器水泵	
	D	确认故障排除	

实训任务三　空调暖风不热的故障检修

一辆吉利帝豪EV450汽车，将启动开关打至ON挡后，打开空调AC按键开关，将温度调到最高，出风口风量正常，但出风口温度明显偏低——即空调暖风不热，请你对该故障进行检修。

1. 任务实施准备

安全防护：做好车辆安全与隔离（轮胎挡块、警示隔离带、高压危险警示牌）。

工具设备：数字万用表、歧管压力表、故障诊断仪、制冷剂回收加注机（也称冷媒回收加注机）。

实训车辆：吉利帝豪EV450。

辅助资料：汽车原厂维修手册、原厂电路图。

2. 收集信息

故障现象：将启动开关打至ON挡，打开空调AC开关，将温度调到最高，风量调到最大，启动PTC加热器，出风口风量正常，但出风口暖风不热。其电路图如图3-21所示。

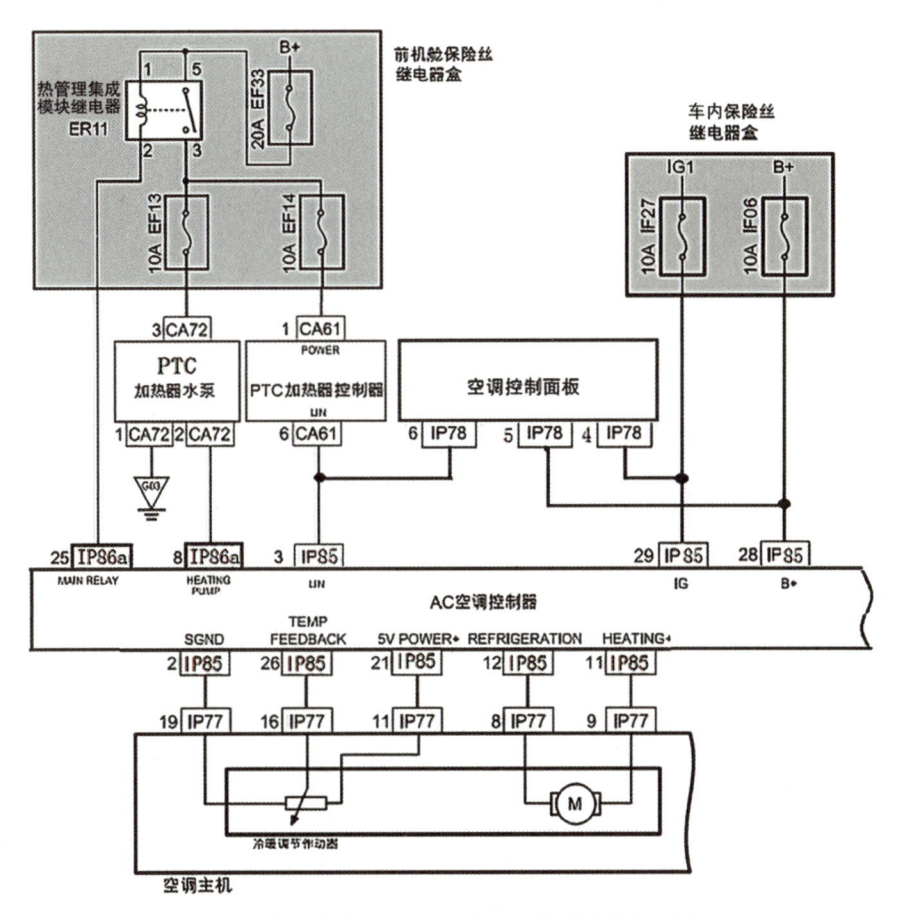

图 3-21　吉利帝豪 EV450 汽车空调供暖系统电路图

导致故障的可能原因有如下几点。

（1）PTC加热器供暖系统冷却液不足。

（2）PTC加热器不工作。

（3）温度调节风门故障。

（4）供暖系统管路堵塞。

（5）PTC加热器芯体堵塞或损坏。

（6）空调控制面板故障。

（7）AC空调控制器故障。

根据汽车空调供暖系统电路图完成以下的信息收集。

（1）PTC加热器的高压模块电压范围为_____V，低压模块电压范围为_____V。

（2）PTC加热器控制器低压连接器编号为_____，PTC加热器电源保险丝为_____。

（3）AC空调控制器连接器的编号为_____，汽车启动开关的电源线颜色为_____。

（4）空调控制面板连接器的编号为_____，B+电源端子为_____。

（5）冷暖风调节电机总成连接器编号为_____。

（6）温度调节控制阀门位置信号的端子为_____，电源端子为_____，搭铁端子为_____。

3. 制订计划

（1）作业前准备工作（场地布置、防护装备检查与穿戴、仪器设备检查、汽车防护三件套安装）。

（2）记录车辆信息。

（3）用故障诊断仪读取故障码。

（4）找到PTC加热器系统各组成部件。

（5）检查PTC加热器控制器保险丝EF14。

（6）检查PTC加热器低压供电端。

（7）检查PTC加热器与AC空调控制器之间的线束。

（8）清理并恢复场地。

4. 任务实施

步骤		操作	结果
1		检查PTC加热器供暖系统制冷剂是否不足	
	A	检查供暖系统制冷剂管路是否漏液	是：维修或更换
	B	检查储液罐制冷剂是否不足	是：补充制冷剂
2		用故障诊断仪读取故障码	
	A	连接故障诊断仪，将启动开关打至ON挡	
	B	读取故障代码	无：转步骤3
	C	按故障代码检查、排除故障	
3		检查PTC加热器是否工作	
	A	将启动开关打至ON挡	是：检修线路
	B	打开空调AC开关，将温度调到最高，风量调到最大	
	C	检测PTC加热器进水管路与出水管路，是否有明显温差	是：转步骤11
	D	检查PTC加热器电源及控制线路是否有故障	是：维修或更换线束
	E	更换PTC加热器	
	F	确认故障是否已经排除	是：系统正常，结束

（续表）

步骤	操作	结果
4	**检查 PTC 加热器水泵是否工作**	
	A 检查 PTC 加热器水泵保险丝 EF13 是否熔断	是：确保线路无短路故障后更换保险丝
	B 检修 PTC 加热器电源及控制线路是否有故障	是：维修或更换线束
	C 更换 PTC 加热器水泵	
	D 确认故障是否已经排除	是：系统正常，结束
5	**检查空调控制面板与 AC 空调控制器之间的连接线束**	
	A 将启动开关打至 OFF 挡	
	B 断开蓄电池负极电缆，等待至少 90s	
	C 断开 AC 空调控制器线束连接器 IP85 断开空调控制面板连接器 IP78	
	D 测量 IP85/3 与 IP78/6 之间的电阻值（标准：小于 1Ω）	否：修理或更换线束
6	**检查冷暖调节控制电路与 AC 空调控制器之间的线束**	
	A 将启动开关打至 OFF 挡	
	B 断开蓄电池负极电缆，并等待至少 90s	
	C 断开 AC 空调控制器线束连接器 IP85 断开空调主机线束连接器 IP77	空调主机线束连接器 IP77
	D 测量 IP85/2 与 IP77/19 之间的电阻值 测量 IP85/26 与 IP77/16 之间的电阻值 测量 IP85/21 与 IP77/11 之间的电阻值 测量 IP85/12 与 IP77/8 之间的电阻值 测量 IP85/11 与 IP77/9 之间的电阻值 （标准：小于 1Ω）	否：修理或更换线束
7	**检查温度控制电路的线束连接器对地有无短路**	
	A 将启动开关打至 OFF 挡	
	B 断开蓄电池负极电缆，并等待至少 90s	
	C 断开 AC 空调控制器线束连接器 IP85 断开空调主机线束连接器 IP77	
	D 测量 IP77/8、IP77/9、IP77/11、IP77/16、IP77/19 与车身接地之间的电阻值（标准：10kΩ 或更高）	否：修理或更换线束
8	**检查冷暖调节控制电路的线束连接器对电源有无短路**	
	A 连接蓄电池负极电缆	
	B 将启动开关打至 ON 挡	

（续表）

步骤		操作	结果
8	C	测量 IP77/8、IP77/9、IP77/11、IP77/16、IP77/19 与车身接地之间的电压值（标准：0V）	否：修理或更换线束
9		更换空调主机	
	A	将启动开关打至 OFF 挡	
	B	断开蓄电池负极电缆，并等待至少 90s	
	C	更换空调主机	否：修理或更换线束
	D	确认故障是否已经排除	是：系统正常，结束
10		更换 AC 空调控制器	
	A	将启动开关打至 OFF 挡	
	B	断开蓄电池负极电缆，并等待至少 90s	
	C	更换 AC 空调控制器	
	D	确认故障是否已经排除	是：系统正常，结束
11		检查空调供暖系统冷却管路是否堵塞	
	A	更换制冷剂管路	
	B	更换 PTC 加热器芯体	
	C	确认故障是否已经排除	是：系统正常，结束

项目四 新能源汽车空调制冷系统检修

项目导入

一辆 2018 款吉利帝豪 EV450 汽车出现空调不制冷、制冷效果不佳的故障。你知道新能源汽车空调制冷系统与传统汽车空调制冷系统的区别吗？空调制冷系统的泄漏检测方法有哪些？请你对空调制冷系统进行泄漏检测，并对空调制冷系统进行制冷剂回收与加注操作。

学习目标

✿ 知识目标层面

掌握空调制冷系统主要检修工具与设备类型和工作原理。
掌握空调制冷系统检修的标准操作方法。
掌握空调制冷系统故障分析方法和故障类型。

✿ 能力目标层面

能正确识别和使用空调制冷系统检修工具和设备。
能正确对空调制冷系统进行维护、保养与检修工作。
能正确对空调制冷系统进行检漏和制冷剂回收与加注。

✿ 素质目标层面

严格执行企业检修标准流程。
严格执行企业 6S 管理制度。
培养严谨求实的工匠精神、热爱劳动的好品质。

知识链接

一、汽车空调制冷系统的检修工具与设备

说明：为方便叙述，下文中如无特殊说明，汽车空调与电动空调含义相同，特此说明。

汽车空调制冷系统通过管路将压缩机、冷凝器、储液干燥器、蒸发箱等连接成一个密封的系统，制冷剂在系统中循环完成制冷过程。由于汽车空调制冷系统的工作环境有时比较恶劣，在使用过程中容易出现不制冷、制冷效果不佳等故障现象。此时需要对汽车空调系统进行检修，以恢复其制冷性能并稳定可靠地运行。汽车空调制冷系统检修时需要用到

一些专用的检修工具和设备。

1. 管路加工工具

（1）切管器。汽车空调制冷系统的一些连接管路会用到铜管，对铜管进行切割作业时需要使用切管器，如图4-1所示。切管器的使用方法如下。

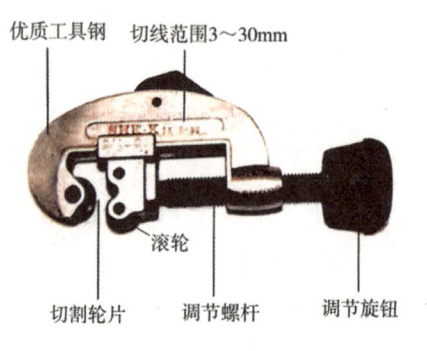

图 4-1　切管器

① 将需要切割的铜管放置于切管器的切割轮片和滚轮之间。

② 缓慢转动切管器末端的调节旋钮，直到滚轮碰到管壁，并确保螺杆带动滚轮垂直地压在管壁上。

③ 用左手捏住铜管，右手转动切管器，使其绕铜管顺时针（或逆时针）方向旋转。每绕铜管旋转一周，就需要旋转切管器末端的调节旋钮，增加压力。

④ 一边旋转一边进刀，直到将铜管切断。

（2）弯管器。如图4-2所示，对小管径的铜管进行弯曲作业时需用到弯管器。进行弯曲作业时可先在弯曲处退火（用气焰加热管子需要弯曲的部分），加热区段的长短由弯曲角度和管子的直径来决定，在弯曲角度不太大时也可以直接用弯管器进行弯管。操作方法是，把退过火的铜管放入带导槽的固定轮与活动杆之间，用固定杆紧固住铜管，然后用活动杆的导槽导住铜管，手握活动杆柄顺时针方向平稳转动，直到达到相应的弯曲角度。

图 4-2　弯管器

（3）扩口器。当铜管采用螺纹连接时，为确保连接处的密封性，需使用扩口器将管口扩大并呈喇叭口形状。在对两段铜管进行焊接时，为了更好地焊接，也需将其中一段铜管进行扩口。扩口器如图4-3所示。扩口时，先将退火的铜管套上连接螺母，然后将铜管放入夹管钳相应的孔径内，铜管露出夹管钳的高度为直径的五分之一，拧紧夹管钳两端的螺母，顺时针缓慢旋转螺杆，用锥形头将管口挤压成喇叭口。

（4）胶管接头扣压机。汽车空调制冷系统部分连接管路多为橡胶连接软管，由铝制连接螺纹接头与软管组成，加工连接软管时需根据软管和接头尺寸，选择合适的模具头，将已套好的接头软管和接头放入模具头内，用千斤顶压紧。压紧时的力度必须合适，力度不够，接头容易泄漏；力度过大，有可能将接头压扁。胶管接头扣压机如图4-4所示。

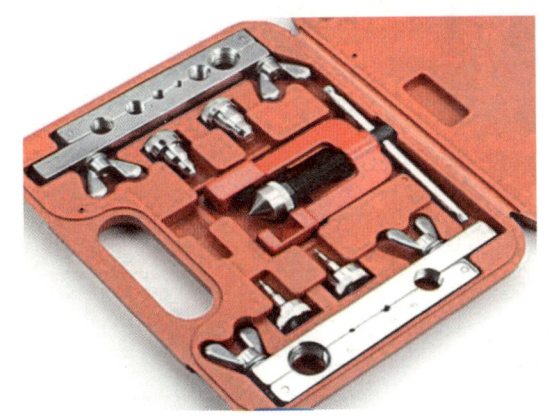

图 4-3　扩口器　　　　　　　图 4-4　胶管接头扣压机

2. 歧管压力表

歧管压力表又称为高、低压表，是进行汽车空调制冷系统检修时必不可少的重要工具。利用歧管压力表可以检测制冷系统运行的高、低压侧压力，判断制冷系统是否存在故障；还可以对制冷系统进行抽真空、加注制冷剂和添加冷冻润滑油（冷冻油）的操作。如图4-5所示，歧管压力表由高压接口、低压接口、充液端口（制冷剂加注或抽真空）和连接软管等组成。

3. 真空泵

在安装、拆卸、检查空调制冷系统时，必定会有部分空气进入制冷系统中，空气中有水蒸气，低温状态下水蒸气结冰将会造成膨胀阀结冰堵塞，冷凝压力升高，同时对系统部件产生腐蚀。由此可见，对制冷系统检修后，未加注制冷剂前，必须要对制冷系统进行抽真空作业，将管路中的空气及水分排出。抽真空用到的设备是真空泵，如图4-6所示。常用的真空泵为叶片式真空泵，当它工作时，在离心力和弹簧的弹力作用下，叶片紧贴在定子的缸壁上，并将其分隔成吸气腔和压缩腔。转子旋转时吸气腔容积逐渐扩大，腔内压力下降，从而吸入气体；压缩腔容积逐渐缩小，压力升高，气体从排气阀排到大气中去。这样便可以把容器内的空气抽出，从而达到抽真空的目的。

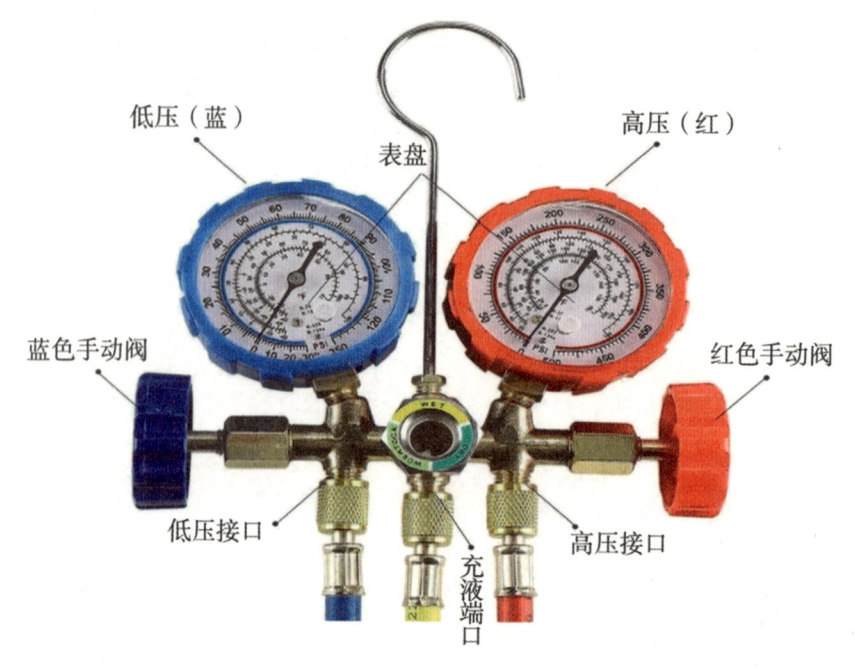

图 4-5 歧管压力表

图 4-6 真空泵

4. 泄漏检测设备

汽车空调制冷系统密闭循环，泄漏将导致系统不能正常工作。因此，在维护保养与检修时需对制冷系统进行泄漏检测（下简称检漏），主要用到以下几种设备。

（1）电子检漏仪。电子检漏仪由一对电极组成，阳极由铂金做成，铂金被加热器加热，并带正电，在它附近放一阴极，使它带负电，若放在空气中，就会有阳离子射到阴极并产生电流。如果有制冷剂气体流过阳极和阴极，回路中的电流就会明显增大，电子检漏仪发出蜂鸣声，蜂鸣声的频率越高（声音尖锐）代表泄漏越严重。使用电子检漏仪时要注意，一旦查出泄漏部位，应将探头立即拿离被测部位，以免影响仪器的使用寿命。电子检漏仪如图4-7所示。

图 4-7　电子检漏仪

（2）荧光检漏仪。荧光检漏仪是利用荧光检漏剂在紫外光、蓝光检漏灯照射下会呈现明亮的黄绿色的原理，对各类系统中的流体渗漏进行检测的设备。在使用时，只需将荧光剂按一定比例加入待检测系统中，维修人员戴上专用眼镜，用检漏灯照射系统设备及其管路，泄漏处将呈黄绿色荧光。荧光检漏仪的优点是定位准确，渗漏点可以直接用眼睛看到，而且使用简单，携带方便，检修成本较低，如图4-8所示。其缺点是，不适合不允许添加荧光检漏剂的场景。

图 4-8　荧光检漏仪

二、制冷剂的性能要求与选择原则

制冷系统中的制冷工质被称为制冷剂,它是制冷系统中循环且不断产生相态变化进行热量传递的物质。R134a(四氟乙烷)是一种氢氟烃(HFCs),它不像R12那样含有氯原子,故不会对地球大气层的臭氧层产生危害(ODP=0),但仍然会产生温室效应(GWP=1430)。R134a的常压沸点是-26.5℃,凝固点是-101.6℃,热力学性质与R12接近。

1. 制冷剂要求

(1)易凝结,冷凝压力不要太高。

(2)标准大气压下,蒸发温度较低,单位容积制冷量大,汽化潜热大,比容小。

(3)无毒、不易燃、不易爆、无腐蚀,且价格低。

早期的汽车空调系统曾使用R12作为制冷剂,现在汽车空调系统多使用R134a作为制冷剂。

2. 选用原则

(1)考虑环保的要求。必须选用符合国家环保标准的制冷剂。

(2)考虑制冷剂温度的要求。根据制冷剂温度和冷却条件的不同,选用高温(低压)、中温(中压)、低温(高压)制冷剂。通常选择的制冷剂的标准蒸发温度要低于制冷温度10℃。

(3)考虑空调制冷剂的性质。根据制冷剂的热力学性质、物理性质和化学性质,选用那些无毒、不易爆、不易燃的制冷剂;选用的制冷剂应传热好、阻力小,且与制冷系统用的材料相容性好。

(4)考虑压缩机的类型。不同的压缩机的工作原理有所不同。体积式压缩机是通过缩小制冷剂蒸汽的体积提高其压力的,一般选用单位体积制冷量大的制冷剂,如R134a等,如图4-9所示。

图4-9 制冷剂

三、汽车空调的维护保养

汽车空调系统的工作性能和使用寿命，很大程度上取决于正确的维护保养。即使天气较冷不需要空调，建议每两周也要使压缩机工作5min，这样不仅可以防止轴封干枯，降低密封作用，也不易产生"冷焊"现象。因为压缩机在长期不运转的情况下，压缩机的轴封、衬垫之类零件易变干和发硬，易开裂。开裂后再使用，会产生制冷剂泄漏。另外，压缩机的主要零件，如活塞与气缸、曲轴与轴承等，都需要润滑油进行润滑。若压缩机长期不运行，则这些零件摩擦表面的润滑油会变干。这会使压缩机在启动的初始阶段出现润滑不足或没有润滑现象，容易损坏压缩机零部件。汽车空调系统分日常维护保养和定期保养。日常维护保养一般由驾驶员或汽车维修人员进行，在维护时会发现许多没有注意到的故障，而这些故障的早期发现和及时处理，对延长空调的使用寿命起着重要作用。

（1）检查空调出风口的出风量。如果出风量不足，则应检查空调滤清器滤芯，如有杂物，则将其清除。另外，应注意定期更换空调滤清器。

（2）在压缩机运转情况下，检查其是否有异响。如果有，则说明压缩机的轴承、阀片、活塞环或其他部件有可能损伤或冷冻油过少，对于传动带驱动的压缩机，还有可能是传动带过松或过紧了。

（3）检查冷凝器散热片上是否有脏物覆盖。如果有，则需对冷凝器进行清洗。可用中等压力的喷雾枪加入冷凝器清洗剂进行清洗，不允许用高压水枪直接冲洗冷凝器，以免造成散热片变形，影响冷凝器通风，降低换热效果。

（4）检查蒸发器是否清洁，出风口是否有异味。如果有，则需对蒸发器、蒸发箱、风道进行清洗。

（5）检查制冷循环系统装置及其管路的连接处是否有油渍。如果有，则说明该处有泄漏，应紧固相应连接处或更换该处的零件。

（6）将鼓风机开至低挡、中挡、高挡，听鼓风机是否有杂音或异响，观察鼓风机是否运转正常。如果有杂音或运转不正常，则清理鼓风机中的异物或更换鼓风机。

（7）通过观察窗检查制冷系统制冷剂的加注量。观察窗能观察制冷剂中存在的水气，它通常安装在干燥过滤器的后端。对于发动机驱动压缩机的制冷系统，检查时将发动机转速提高到1500r/min，风速调到最大，温度调到最低。如果开、关空调压缩机时从观察窗内看不到动静，而且出风口无冷风，压缩机进出口之间没有温差，则说明制冷剂已经漏光；如果出风口不够冷，而且关闭空调压缩机后观察窗中制冷剂无气泡、无流动，则说明制冷剂过多。

四、汽车空调制冷系统检修的常规操作

当新的汽车空调制冷系统各部件安装完成后，或当有故障的制冷系统被检修后，对制冷系统进行泄漏检查、将制冷系统里的空气和蒸汽排除、加注制冷剂和润滑油（即冷冻油）等一系列工作是必不可少的，也是需要完成的既定工作程序。因此，能否掌握这些汽车空调维修安装必备的基本操作技能，将会直接影响到制冷系统的工作性能。

1. 汽车空调制冷系统检修的注意事项

（1）保证作业环境的清洁、通风、防潮和防火，防止在拆装时灰尘、杂质、水分或污物进入管路中。

（2）制冷剂瓶应按要求存放，严禁对制冷剂瓶进行加热或放在40℃以上的水中加热。

（3）更换空调系统部件时，必须补充冷冻油，具体要求应参照相应车型的维修手册。在给压缩机补充冷冻油时，务必使用指定牌号的冷冻油。

（4）在拆卸制冷剂管路或加注制冷剂时，应佩戴护目镜或者保护头盔，以防制冷剂接触面部，尤其注意勿使制冷剂接触眼睛。

（5）拆卸管路时，应立即将管路或接头堵住，以免潮气、灰尘或杂质等混入制冷剂管路。严禁用嘴或未经过干燥的压缩空气去吹制冷剂管路和零件。

（6）拧紧或拧松制冷剂管路接头时，按规定的力矩拧紧，拧紧力矩数值要符合维修手册的要求。

（7）连接歧管压力表软管时，高、低压软管应与压力表阀体高、低压接头和制冷系统高、低压检修阀正确连接。拆卸仪表软管时，必须快速、敏捷。

（8）在连接制冷剂管路时，应在圆形密封圈上涂一点与该系统兼容的冷冻油。

2. 制冷剂排空

拆解汽车空调制冷系统进行检修或更换部件前，首先应对制冷系统的制冷剂进行排空或回收。建议采用制冷剂回收加注机进行制冷剂回收，回收的制冷剂可净化后循环使用，做到节能环保。若将制冷剂进行排空，应选在通风良好的场所进行，不可在室内进行，且不能接近明火。

规范的排空操作方法如下。

（1）连接歧管压力表。首先关闭歧管压力表高、低压手动阀，然后将高压管和低压管与压缩机高、低压检修阀的管路连接放空。

（2）缓慢拧松高压手动阀，注意阀门开度不能太大，阀门开得太大，冷冻油将随制冷剂流出。

（3）当高压表的压力降到340kPa时，再慢慢打开低压手动阀，开度同样不要太大，此时制冷剂从系统的高、低压两侧同时排出。

（4）制冷剂排放结束后，应关闭歧管压力表的高、低压手动阀。

3. 制冷系统检漏

在拆解汽车空调制冷系统或更换零部件后，都要对空调系统进行检漏，主要的检漏方法有以下4种。

（1）目测检漏。制冷剂泄漏部位往往会同时渗出冷冻油，造成泄漏部位有油污，通过目测油迹可查找渗漏点。这种方法简单，没有成本，但有很大缺陷，对细小的泄漏点一般观察不到。而且汽车空调制冷系统有很多部位是看不到的，所以只适用于粗略的检查。

（2）压力检漏。压力检漏是向制冷系统加注高压气体，利用肥皂泡沫水涂抹相应部位检查泄漏的方法。压力检漏时要将高压软管接在高压检修阀上，低压软管接在低压检修阀上。

（3）真空检漏。加注制冷剂前需对制冷系统抽真空，真空检漏就是利用真空泵将制冷系统抽真空进行检漏的方法。

（4）荧光检漏。荧光检漏是利用紫外线能引起荧光分子发出黄色或黄绿色荧光的原理进行检漏的方法。将一种荧光染料注入制冷系统中，然后用紫外线灯照射，若系统某处有泄漏，则会发黄色光或黄绿色光（这种材料的有效期为两年）。

4. 制冷系统抽真空

拆解检修后的空调制冷系统，由于接触了空气导致系统内有空气和水分，若不加移除，则会造成制冷系统冰堵，因此加注制冷剂前必须对系统进行抽真空。系统接近真空后降低了水的沸点，水便在较低的温度下汽化，然后以水蒸气的形式被真空泵抽出。制冷系统冷冻油的饱和水蒸气压比水小得多，在系统抽真空时，冷冻油不会被抽出，故加注制冷剂到系统的时间在系统抽真空之前或之后均可。制冷系统抽真空时还应注意进行系统泄漏检查。抽真空可以使用制冷剂回收加注机（内置真空泵），也可以单独使用真空泵。

采用真空泵抽真空的操作流程如下。

（1）将歧管压力表高、低压软管分别与制冷系统的高、低压检修阀连接，将中间软管与真空泵连接。一般应在中间接口的软管上接上一个三通阀，将真空泵、制冷剂罐、中间接口分别接到三通阀的三个接口上，这样可确保在抽真空结束后，直接加注制冷剂时没有空气进入中间软管。

（2）启动真空泵，打开歧管压力表的高、低压手动阀，持续抽真空10min后，歧管压力表应产生大约100kPa的真空度，否则说明制冷系统有泄漏处。

关闭高、低压手动阀，歧管压力表指示值应在10min内不回升，否则说明制冷系统有泄漏处，应检修（这一过程为真空检漏）。

（3）检漏。将中间软管连接至制冷剂罐，打开制冷剂罐和低压手动阀，从低压侧注入少量气态制冷剂。当压力达到100kPa时，迅速关闭制冷剂罐和低压手动阀。用电子检漏仪或肥皂液等方法检查系统是否存在泄漏。

（4）若制冷系统无泄漏，将歧管压力表中间软管连接至真空泵，启动真空泵，打开歧管压力表的高、低压手动阀，持续抽真空30min以上。先关闭高、低压手动阀，再关闭真空泵，为加注制冷剂做好准备。

5. 制冷剂加注

完成上述所有准备工作后，可为制冷系统加注制冷剂，加注制冷剂方法的速度一般较慢。

系统加注气态制冷剂的方法，操作过程如下。

（1）系统抽真空和检漏后，关闭歧管压力表的高、低压手动阀。

（2）打开制冷剂罐开瓶器，缓慢拧松中间软管，听到制冷剂排放的声音后，立刻拧紧螺母。不允许制冷剂罐倒立，以防止液态制冷剂进入制冷系统的低压侧，当系统的压力值达到0.4MPa时，关闭歧管压力表的低压手动阀。

（3）启动发动机，打开空调AC开关，将风速调至最大，温度调至最低。再次打开歧管压力表的低压手动阀，让制冷剂继续进入制冷系统，高、低压压力达到规定值后，关闭歧管压力表的低压手动阀和制冷剂开瓶器。（打开AC开关，风速调至最大，温度调至最低。此时制冷系统低压侧的压力应为0.15～0.25MPa，高压侧的压力应为1.37～1.57MPa，不同车型，不同环境温度，此值略有不同。）

（4）关闭空调AC开关，关闭发动机，拆下歧管压力表与制冷系统的连接软管，完成制冷剂加注。对于螺纹连接的检修阀，断开连接接头的动作要快，要注意防止制冷剂接触到手。

6. 制冷系统冷冻油加注

汽车空调冷冻油为压缩机内各运动部件提供润滑、密封、冷却和降低噪声作用。汽车空调制冷系统运行过程中接头松动、软管破裂、系统结构件受冲撞破坏或压缩机发生严重的轴封漏油等，会导致冷冻油缺失，从而影响压缩机的正常工作。为保证系统的正常运行，需要进行冷冻油的油量检查和冷冻油的加注。加注冷冻油应根据制冷系统规定量加注，冷冻油过多，反而会影响制冷效果。

汽车空调制冷系统加注冷冻油的方法有直接加入法和真空吸入法两种。

（1）直接加入法是，将冷冻油按标准用量杯称量好，直接从压缩机加注口注入的方法。新压缩机出厂时一般已注入120～200mL的冷冻油。

（2）真空吸入法是利用真空吸力将冷冻油从压缩机低压检修阀吸入的方法。首先将比要补充的冷冻油还要多约20mL（考虑加注管中的残余油量）的冷冻油倒入量杯，按抽真空的方法将歧管压力表高压软管连接压缩机高压检修阀，将中间软管连接真空泵，将低压软管从歧管压力表一端拆下并伸进冷冻油量杯中。开启真空泵，打开高压手动阀，冷冻油便被徐徐吸入压缩机中。

五、汽车空调制冷剂回收加注机的使用

1. AC350C 型制冷剂回收加注机总体构造

制冷剂回收加注机总体构造如图4-10所示。

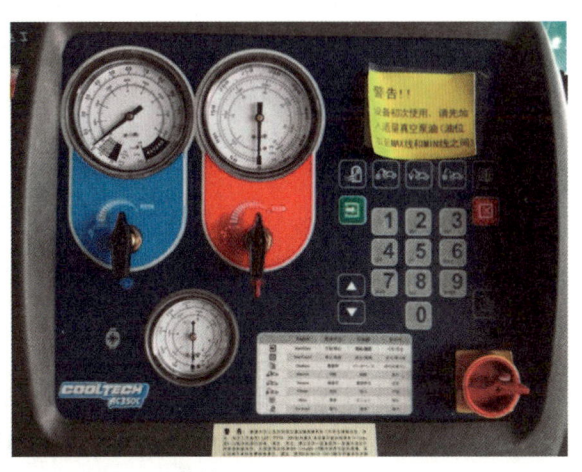

图 4-10　制冷剂回收加注机总体构造

2. AC350C 型制冷剂回收加注机的使用方法

对于符合规定的制冷剂，可使用AC350C型制冷剂回收加注机（下简称加注机）进行回收，如图4-11所示。

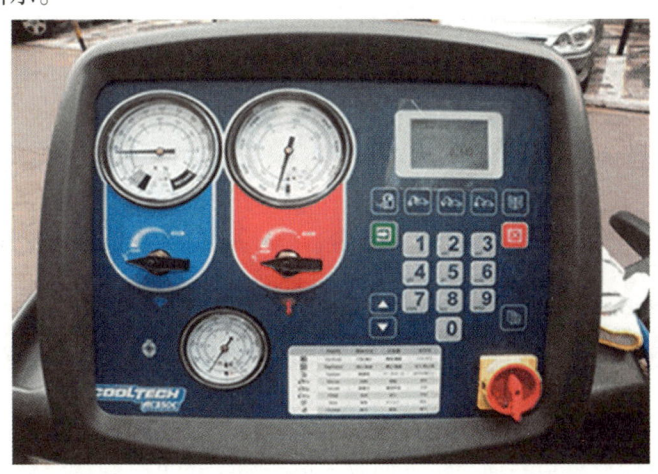

图 4-11　AC350C 型制冷剂回收加注机操作面板

（1）开机准备。将加注机的电源插头接在220V电源上，转动电源开关，操作界面显示主菜单，包括"剩余容量"和"制冷剂净重"，如图4-12所示。

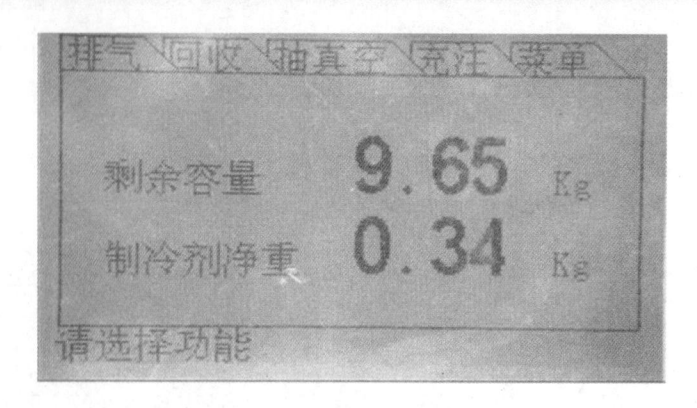

图 4-12　操作界面显示主菜单

（2）排气。此步骤是对加注机进行排气、清理，应在30s内完成，操作方法如下：

① 按下"排气"键，设备进行排气和清理，2s后完成。

② 按下"确认"键。

（3）回收。此步骤是将空调系统的制冷剂回收到加注机中。具体操作方法如下。

① 按下"回收"键，然后按界面提示接好管路及接头。

② 设定制冷剂的回收量：利用数字键输入制冷剂重量，按下"确认"键。

③ 界面显示"清理管路1min"。设备开始自动进行清理，之后进行回收，如图4-13所示。

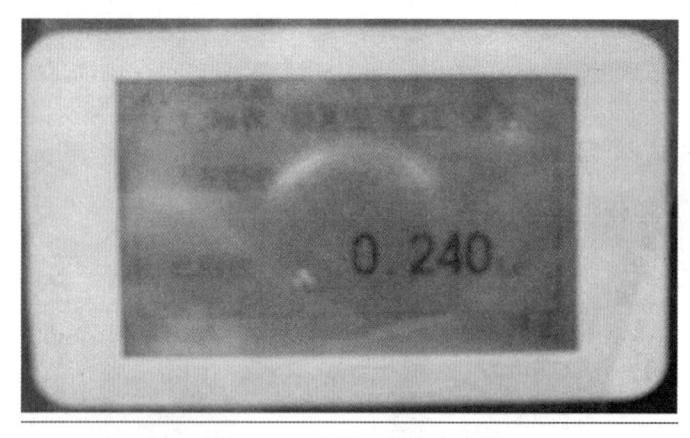

图 4-13　正在进行制冷剂回收

（4）完成回收作业。当界面显示"回收完成"后，按下"确认"键。

（5）制冷剂净化作业。

① 净化作业准备及开始。在完成制冷剂回收之后，按下加注机的"确认"键，加注机开始进行排油。完成后（约10s），应记录排油量。

② 纯度指标检测。使用制冷剂鉴别仪对回收的制冷剂进行检测。根据检测结果得出结论。

③ 净化操作。若制冷剂纯度达不到要求的指标，则继续进行净化。

（6）加注作业。

① 加注作业准备及开始。制冷剂净化作业之后，若没有拆卸相关管路，则可直接进行下面的步骤。

② 检漏。在抽真空之后，可利用真空状态进行检漏，见前面的介绍。

③ 根据情况确定是否需要清洗。

（7）在加注机完成排油之后，按下"确认"键，进入抽真空操作菜单。此时利用数字键设定抽真空时间。按下"确认"键，加注机开始抽真空，时间到即完成，如图4-14所示。

（8）根据界面提示信息，按下"确认"键，进行保压。保压时间固定为3min，如图4-15所示。

图 4-14　正在抽真空　　　　　　　图 4-15　正在进行保压

（9）补充冷冻油。在补充冷冻油之前，确认储油罐中冷冻油的油量，之后按下"确认"键，开始注油，如图4-16所示。通过观察储油罐的油面变化确定已加注的油量。当注油重量达到要求时，停止注油。

注：按下"确认"键，可暂停注油；按下"取消"键，可结束注油。

（10）加注制冷剂。

① 按下"确认"键，进入制冷剂加注菜单，按操作信息进行相应的设置：关闭低压阀，进行单管加注；设定加注重量（对照车辆铭牌信息或查看数据库，并通过数字键输入加注重量），按下"确认"键，如图4-17所示。

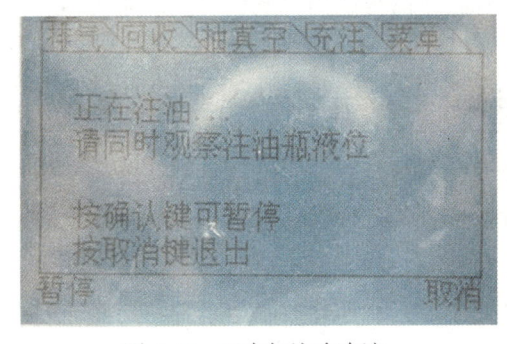

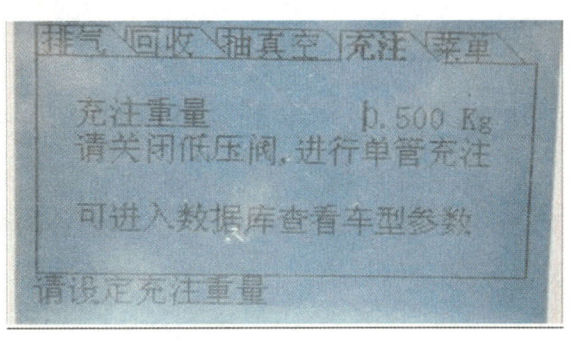

图 4-16　正在加注冷冻油　　　　　图 4-17　设定制冷剂的加注重量（显示为充注重量）

② 设备开始进行加注。加注（充注）完成后，关闭阀门，如图4-18所示。

③ 按下"确认"键，设备开始清理管路，2分钟（min）自动完成，如图4-19所示。

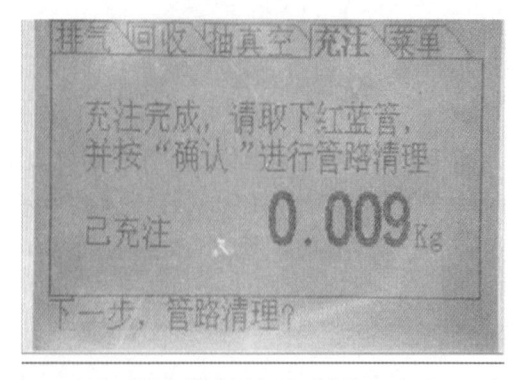

图 4-18　制冷剂加注（充注）完成

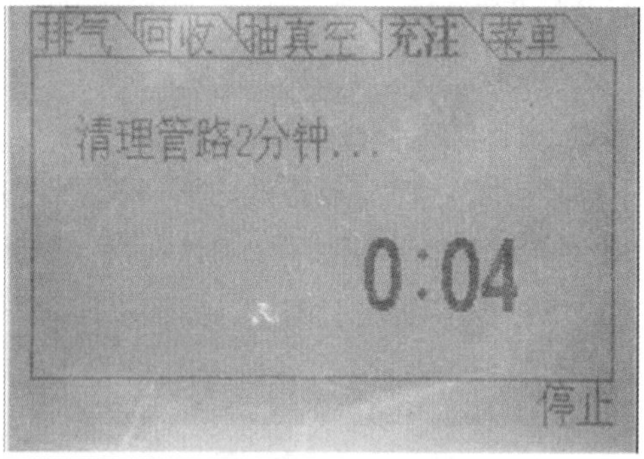

图 4-19　清理管路

④ 按下"确认"键，返回主菜单。

（11）空调系统性能检验，完成制冷剂加注作业后，应进行检验。

① 在制冷系统工作状态下，用检漏设备检测加注阀处有无泄漏。

② 制冷系统高、低压侧压力及空调出风口温度检测应根据汽车制造厂商的要求进行。可参照以下方法进行操作：

a. 车辆停放在阴凉处，将干湿球温度计放置在空调进风口位置。

b. 打开车窗、车门。

c. 打开发动机盖。

d. 打开空调出风口，调节到最大风量。

e. 设置AC空调控制面板：外循环位置、强冷、打开AC开关、风机转速为高（HI）。

f. 将温度计探头放置在空调出风口内50mm处。

g. 启动发动机，将发动机转速控制在1500～2000r/min，使压力表指针稳定。

h. 待温度计显示数值趋于稳定后，读取压力表和温度计的显示值，检查高、低侧压力，相对湿度，空调进风温度，出风温度与汽车制造商提供的空调性能参数，如果压力表、温度计显示的高、低侧的压力或空调出风温度不在正常的范围内，则应对制冷系统做进一步的诊断和检修。

六、汽车空调制冷系统的故障诊断与排除

汽车空调制冷系统是汽车中的常用装备，尤其是炎热的夏天，汽车空调制冷系统经常处于高负荷运行状态。而且，汽车空调制冷系统运行于汽车振动、热负荷多变、雨水、腐蚀等不佳的工作环境下，容易出现管路破损、老化泄漏、制冷剂被杂质污染或渗入空气、制冷系统部件损坏不工作、换热器脏堵散热不良等故障，从而导致制冷系统不制冷、制冷不足等现象。另外，采用劣质的制冷剂、冷冻油，空调制冷系统维护与保养不当，检修不规范等也是造成汽车空调制冷系统故障的原因。

当汽车的空调制冷系统（下简称制冷系统）出现故障时，需采用上述的仪器设备对其进行故障诊断与排除。

1. 制冷系统制冷性能的测试

制冷系统性能简单的测试方法。

（1）启动发动机，将发动机转速保持在1500～2000r/min（将启动开关打至ON挡），打开AC开关，将风速调至最大，温度调至最低，出风模式设置为吹上身，打开车门，测量出风口温度。

（2）制冷系统稳定运转15min后，用温度计测量中间出风口温度，在环境温度为25～35℃时，出风口的温度应为1～10℃，若温度大于10℃，则说明制冷系统制冷不良。

2. 制冷系统检修的步骤

对于制冷系统的故障，我们可以通过听、看、摸、查、修、验的步骤来进行诊断和排除。

（1）听。听主要包括两个方面：一是听取用户对故障现象的描述，并进行记录；二是听汽车空调运行时产生的声音。正常时，声音比较平稳。出现异响时，应马上检查并处置。异响主要来自驱动带、电磁离合器等，通常声音很尖锐，压缩机出现液击、发卡等现象时，也会产生噪声，有时这种声音比较难辨别，要用听诊器才可以判断出来。

（2）看。看主要集中于空调制冷系统的以下四个方面的问题。

① 看冷凝器是否干净：冷凝器是否干净会明显影响散热效果。

② 看制冷系统部件和管路外面是否泄漏：若有油迹，则排除其他可能原因后，可以判断油迹点处是泄漏点。

③ 通过观察窗看制冷剂的流动状况：可判断制冷系统内制冷剂的量是否合适。汽车发动机怠速稳定时，从观察窗内看到的应是透明的液体。如果发现有气泡存在，则说明制冷剂的量不够；如果发现有油丝一起流动，则说明制冷剂内冷冻油太多。如果提高发动机转速时有气泡，则说明制冷剂的量合适，反之，则说明制冷剂太多。

④ 看制冷系统管路表面是否结霜或结露：也可帮助判断制冷系统运行情况。如果回气管路结霜，则说明制冷剂太多；或者蒸发器表面太脏，传热性能差；或者蒸发器温度传感器、温控器故障；或者膨胀阀故障。

（3）摸。制冷系统的制冷剂在各部位的温度不一样，通过摸可初步判断制冷系统有无故障。从压缩机出来到冷凝器入口的管路，摸起来烫手（70～80℃），温度由入口到出口会均匀下降，冷凝器出口温度为40℃左右；从蒸发器出口到压缩机入口管路会结露，摸起来很凉，特别是蒸发器的出口处，摸起来凉得刺手。如果回气管路不凉，排气管不热，则说明制冷剂不够或压缩机压缩性能下降。在冷凝器及附近管路处，如果出现明显的温度下降，则说明有地方堵塞。

（4）查。听、看、摸都是通过经验来判断制冷系统故障的，但要准确判断故障点，还必须借助专用设备来检查。可使用电子检漏仪或荧光检漏仪检查制冷系统的泄漏位置；用歧管压力表检查和判断制冷系统故障；用故障诊断仪读取控制系统故障码、数据流等。

（5）修。修就是当准确判断故障后，根据故障性质进行有针对性的维修，维修内容包括制冷剂回收或排空，更换或修理有故障的制冷系统部件，制冷系统抽真空、检漏，加注制冷剂或冷冻油。

（6）验。维修后，最后一道程序就是检验汽车空调维修效果。一般来说，汽车空调维修后，通过前文所述汽车空调制冷性能检测的简易程序来进行验证，出风口的温度应低于10℃。

3. 制冷系统的故障排除

故障现象：出风口温度低，但不是很低，制冷效果不佳。
原因分析：制冷剂过量。
检查方法：当制冷系统内的制冷剂过量时，测量冷凝器的排出侧的温度比正常空调系统的工作温度要低，且制冷系统的观察窗看不到制冷剂流动和气泡。
维修方法：用加注机回收制冷剂，重新按车型标准加注制冷剂。

故障现象：冷凝器散热效果不佳。
检查方法：检查冷凝器是否脏污或是否空气流通不畅；冷凝器有无散热芯片变形或散热扁形管路弯折现象；散热风扇高、低速运转是否正常。
维修方法：清洁冷凝器，当冷凝器出现堵塞（内堵）或截流现象时，可通过对比冷凝器前后温度差确定节流位置，必要时更换新冷凝器。

故障现象：膨胀阀失效。
检查方法：检查制冷系统低压管路是否有结霜现象。膨胀阀感温包安装位置不正确或膨胀阀感温包与低压管壁没有被包扎带严密包扎，或者是膨胀阀弹簧疲劳，从而导致膨胀阀开度过大，造成过多的制冷剂进入蒸发器。过多的制冷剂不能在蒸发器中完全汽化，部分制冷剂在低压管路中汽化使管路温度降低形成结霜。
维修方法：检查膨胀阀感温包安装是否到位，确认感温包工作正常时部分膨胀阀开度可做调整，必要时更换新的膨胀阀。

故障现象：出风口温度不够低或较高，制冷效果不佳或无制冷。
原因分析：制冷系统高压侧有堵塞。
检查方法：检查高压管路有无弯折现象，当有不完全堵塞情况出现时，相应部位会出现节流现象使外部出现结霜（温差）。同时，要检查膨胀阀感温包有无因跑气使阀门处于常闭状态而造成循环回路堵塞。
维修方法：疏通或更换相应的堵塞元件。

故障现象：出风口温度不够凉，制冷效果不佳。

原因分析：空调压缩机到高压检修阀之间存在堵塞。

检查方法：用手在空调压缩机到高压检修阀之间接触时，若前端温热而后端冰凉甚至有结霜，则该部位存在堵塞。除空调管路有堵塞现象，储液罐内也会发生堵塞。

维修方法：更换产生堵塞的部件，必要时清洗制冷系统内污物。

故障现象：出风口温度较高或出自然风，不制冷。

原因分析：制冷剂循环回路中有空气。

检查方法：观察视察窗看到制冷剂流动和气泡。向冷凝器上泼水看到大量气泡，说明空调系统的制冷剂中有空气。因为向冷凝器上泼水，冷凝器内的制冷剂温度会迅速下降，会造成比容下降，此时储液罐内的液体会向冷凝器逆流，所以就会看见大量气泡。

维修方法：进行抽真空（更换制冷剂）并重新加注。

复习题

一、填空题

1. 为了减少弯管造成的开裂，弯管前可在弯曲部位进行_____处理。
2. 切管时调节螺母旋进量不宜过大，否则容易压扁铜管，一般调节旋钮_____圈。
3. 打开小罐制冷剂时，需要使用专用的_____。

二、选择题

1. 手动低压阀开启状态下，低压管路与低压表（　　）。
   A. 相通　　　B. 不相通　　　C. 无法确定
2. 利用歧管压力表进行抽真空操作时，手动高、低压阀均处于（　　）状态。
   A. 打开　　　B. 关闭　　　C. 一开一闭
3. 利用歧管压力表完成抽真空作业后，应先关闭（　　），再关闭（　　）。
   A. 真空泵，手动高、低压阀
   B. 手动高、低压阀，真空泵
   C. 手动高压阀，真空泵

项目五 新能源汽车空调通风系统

项目导入

一辆 2018 款吉利帝豪 EV450 汽车空调通风系统不工作。你知道电动空调通风系统的组成和工作原理吗？请你对此故障进行诊断与排除。

学习目标

❈ 知识目标层面

掌握汽车空调通风系统的类型、组成和工作原理。
掌握 EV450 汽车的鼓风机的检测方法。
掌握 EV450 汽车的调速模块的更换方法。
掌握 EV450 汽车的蒸发器温度传感器的检测。

❈ 能力目标层面

能正确识别 EV450 汽车空调通风系统的组成部件。
能正确画出 EV450 汽车空调通风系统原理框图。
能正确查阅鼓风机电路图及相关故障代码。
能正确运用仪器设备对鼓风机加热器进行检测。
能正确运用仪器设备对蒸发器温度传感器进行检测。
掌握 EV450 汽车空调通风系统的故障诊断与排除。

❈ 素质目标层面

要能够严格执行企业检修标准流程。
严格执行企业 6S 管理制度。
培养严谨求实的工匠精神、热爱劳动的好品质。

知识链接

一、汽车空调通风系统

汽车空调通风系统（简称空调通风系统，在讨论技术细节时，为方便表述，会用通风系统代称）是指汽车内部的空气循环和调节系统。其功能包括控制车内温度、湿度和空气流动情况，以提供舒适的驾乘环境。

1. 动压通风方式

汽车的动压通风（自然通风）方式是指，利用汽车行驶时车外空气对车辆产生的风压，通过进风口和排风口，实现通风换气。进风口必须装在正压区，排风口必须装在负压区，以便充分利用汽车行驶所产生的动压而引入大量的新鲜空气。进入车内的空气流速最佳范围是1.5～2.0m/s，如图5-1所示。

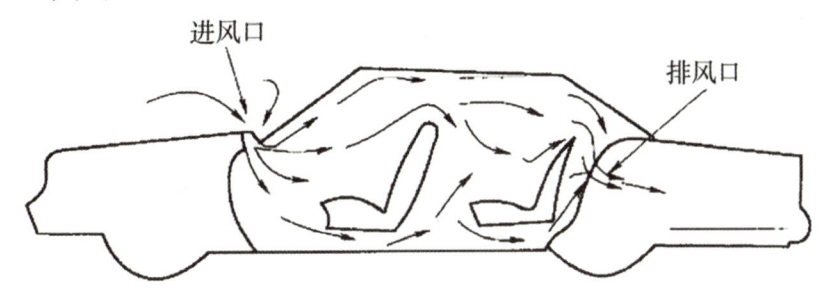

图 5-1　进风口与排风口的位置

2. 强制通风方式

车辆在静止或低速行驶时，若仍采用动压通风方式进行换气，通风量较小，故绝大多数汽车还提供强制通风方式。强制通风方式是采用鼓风机强制车外新鲜空气进入车内的一种通风方式，如图5-2所示。

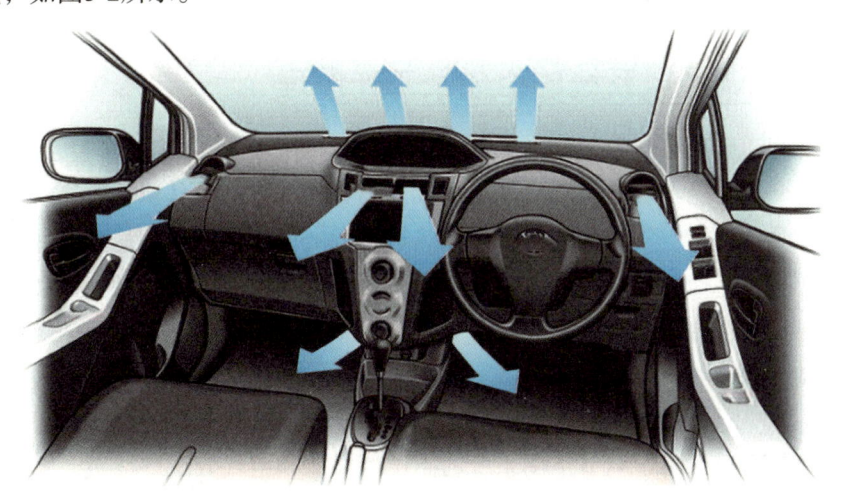

图 5-2　车内气流方向

3. 新鲜/再循环空气的切换

采用强制通风方式时，既可以采用车内空气再循环方式（RECIRC，内循环模式），只循环车内的空气，如图5-3所示；也可以采用车内、车外空气循环方式进行空气交换，如图5-4所示。

图 5-3　车内空气再循环方式（内循环模式）

图 5-4　车内、车外空气循环方式（外循环模式）

二、汽车空调通风系统的组成及工作原理

汽车空调通风系统一般包括以下6个主要组成部分。

（1）空调压缩机：负责将制冷剂压缩成高温高压气体，使其温度升高。

（2）冷凝器：将空气中的热量通过散热器散发出去，使制冷剂变成高压液体。

（3）膨胀阀：控制制冷剂的流量和压力，使其从高压液体变成低压液体。

（4）蒸发器：通过制冷剂的蒸发，吸收车内热量，实现制冷效果。

（5）风扇和送风口：通过风扇将车内空气吸入并经过蒸发器，然后将冷却后的空气送入车内。

（6）控制面板：用于调节空调系统的温度、风速和空气分配等参数。

在使用汽车空调通风系统时，可以根据需要调节空调温度、风速和空气分配等参数，以达到舒适的驾驶体验。

为维持舒适条件所需要的最低限度的换气量称为必需换气量［每人约需25～36（m^3/h）］，为此应设置即使在汽车车窗紧闭的情况下，仍能从车外引入新鲜空气的通风装置。

请读者思考以下问题：

空调通风系统由哪些部分组成？

空调通风系统工作原理是怎样的？

三、汽车空调净化系统

车内空气的清新与净化是乘员重要的需求,因此汽车空调系统还必须保证通风过程送入车内的空气是新鲜和健康的,这也就要求汽车空调系统能够对送入的空气进行净化,所以它被称为空调净化系统。

1. 汽车空调净化系统分类

汽车在道路上行驶时,车外空气中最大的污染物是各种悬浮粉尘。悬浮粉尘主要有固体物质破碎形成的颗粒、汽车尾气排出的一氧化碳、二氧化碳、二氧化硫等有害气体,还有各种烟雾、花粉、细菌等。此外,车内循环空气受到乘员的活动和工作过程的污染,如乘员呼出的二氧化碳、身体散发出的异味,这些都可能影响乘员的健康,降低了乘员的舒适性。因此,汽车空调净化的目的就是除去这些有害气体及粉尘,使车内保持清洁舒适的空气环境。空气的净化包括两部分,即车外送入车内空气的净化和车内循环空气的净化。汽车空气净化系统通常有空气过滤式和静电集尘式两种。

空气过滤式净化装置是在空调系统的进风口和回风口处设置空气滤清装置,如图5-5所示,它能滤除空气中的粉尘和杂味。其结构简单,工作可靠,只需定期清理过滤网上的污物即可,故广泛用于各种汽车空调系统中。

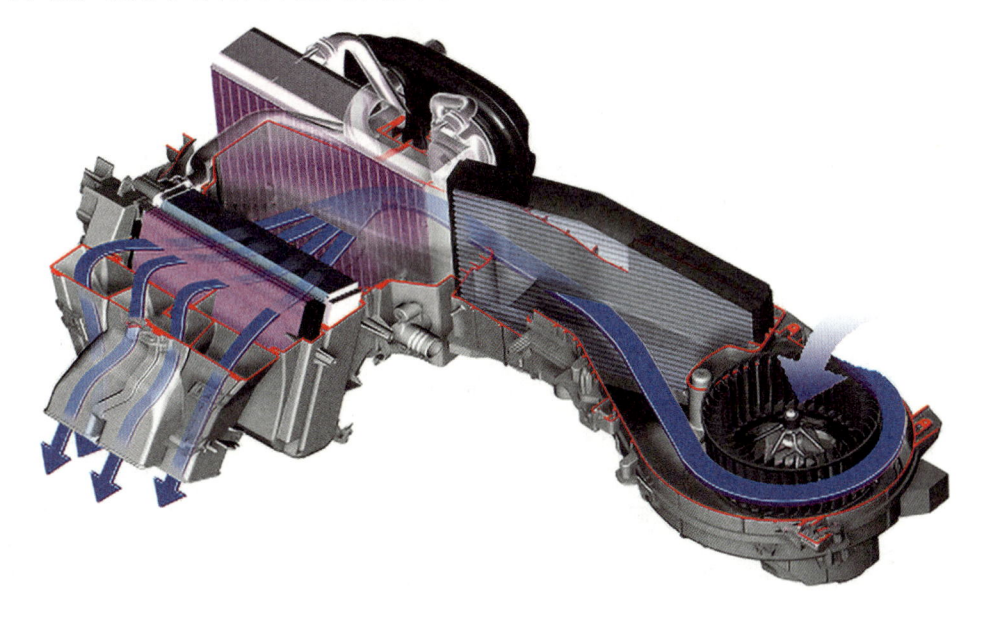

图 5-5　空气过滤式净化装置

静电集尘式空气净化装置是在空气进入过滤器后再设置一套静电集尘装置或单独安装一套用于净化车内空气的静电过滤装置。它除具有过滤和吸附烟尘等微小颗粒杂质的作用外,还具有除臭、杀菌作用,有的还能产生负离子以使车内空气更为新鲜、洁净,如图5-6所示。由于其结构复杂、成本高,所以多出现于某些高级轿车和旅行车上。

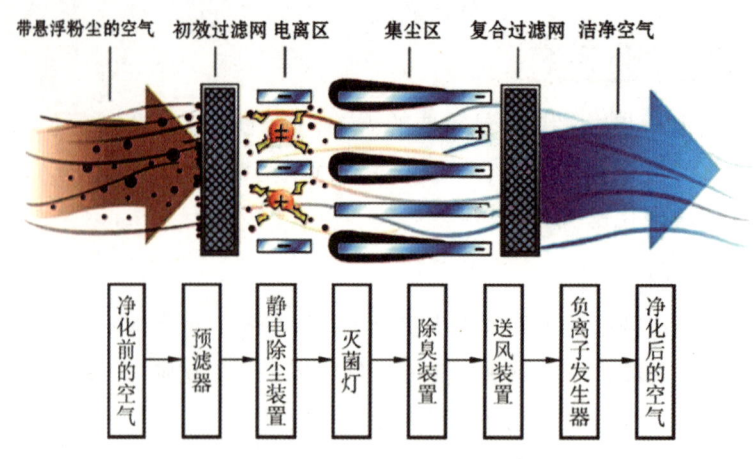

图 5-6　静电集尘式空气净化系统

2. 汽车空调净化系统的组成及工作原理

（1）汽车空调净化系统主要由以下部件组成。

空气过滤器：用于过滤进入车内的空气中的颗粒、灰尘、花粉、细菌等污染物，保持车内空气清洁。

空气净化器：通过电离、臭氧、紫外线等技术，去除空气中的异味、细菌、病毒等有害物质，提高空气质量。

（2）工作原理。

通过一系列的步骤来净化车内空气，提供更加清新和健康的空气环境。首先，空调净化系统会收集车内的空气，并通过空气过滤器去除其中的灰尘、花粉、颗粒等污染物，这样可以防止污染物在车内循环，保持空气的清洁。其次，空调系统会将过滤后的空气送入蒸发器，蒸发器中的制冷剂会吸收空气中的热量，使空气温度下降，这样可以提供舒适的温度，让车内空气和温度更加宜人。然后，空调系统会将冷却后的空气重新送入车内，并通过风扇将空气均匀地分布到车内各个区域，这样可以确保整个车内空间都能得到良好的通风和降温效果。最后，空调系统还可以通过空气净化器、活性炭等材料吸附和分解车内空气中的有害气体和异味，进一步提高空气质量。

请读者思考以下问题：

空调净化系统的组成有哪些？

它们的工作原理是怎样的？

四、汽车空调配气系统

1. 汽车空调配气系统的作用

汽车空调配气系统是指，空调系统将制冷剂压缩后进行循环冷却的过程中，需要通过一系列复杂的管路和零件，将气体引出或者引入各个设备中，完成冷却、加热、除湿等不同效果的气流调配过程。该系统由气源、传递、储存、控制和导向几部分组成。

首先，该系统的气源部分是指空调中的制冷剂，一般采用的制冷剂是R134a。该种制冷剂比较适合节能的汽车环保通气调控系统。

传递部分是汽车空调配气系统中非常重要的组成部分之一，主要包括压缩机、冷凝器、蒸发器等设备和其相应的阀门等零部件。这些设备通过加压、反应和膨胀等不同的过程，将气体从高压到低压变形并输出到对应的设备中，从而完成对空气的温度控制。

其次，储存部分指的是空调配气系统中必须配备的恒压容器，以及空气滤清器等装置，对气体进行保护和储存，以保证系统的正常运行。这些零部件通常安装在系统的最前面和最后面。

然后，控制部分则主要由阀门和传感器等基础部件组成。这些零部件负责检测和控制气体的压力和运动方向，使气流达到最佳的调配效果。传感器控制液压缓冲和排气过程，并调整液压力，保持饱和点处于最佳状态。阀门根据变化在导向阀、换向阀等不同的角色中发挥作用，使气体流动达到预设的方式和效果。

最后，导向部分主要指的是自动导流装置以及各种气流调配装置组成的系统。这些装置控制冷热风向、风门角度、空气量等各项参数，以完成通风、加热、除湿、制冷等多种气流在车内进行的调配。

2. 汽车空调配气系统的组成及工作原理

如图5-7所示为汽车空调配气系统的基本结构，它通常由三部分构成：第一部分为空气进入段，主要由用来控制新鲜空气和车内循环空气的鼓风机和气源门组成；第二部分为空气混合段，主要由加热器芯体、蒸发器芯体和调温门组成，用来提供所需温度的空气；第三部分为空气分配段，使空气吹向身体上部、脚部和风窗玻璃，主要包括至底板出风口、除霜/面板出风口、至除霜出风口和除霜风门。汽车空调配气系统实现配气的方式是通过手动控制钢索（手动空调）、真空气动装置（半自动空调）或者电控气动装置（全自动空调）与仪表板上的空调控制键连接动作，执行配气工作的。

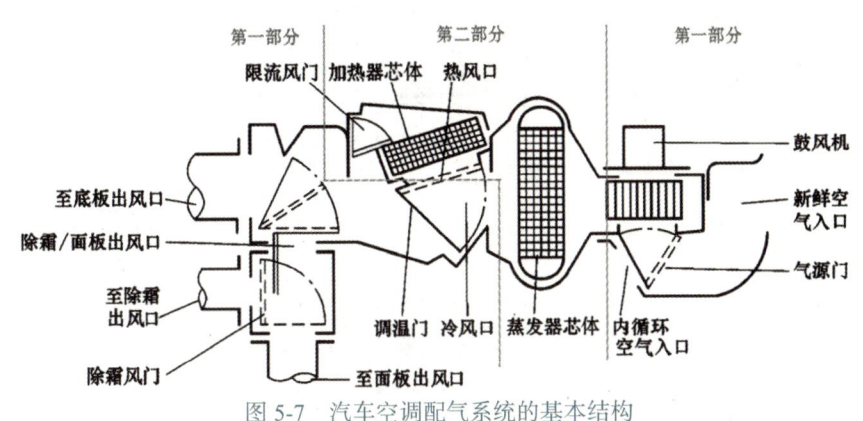

图5-7 汽车空调配气系统的基本结构

（注：面板出风口也称仪表板出风口，俗称吹面出风口；
底板出风口也称向下出风口，俗称吹脚出风口；
除霜出风口也称前风窗出风口。）

汽车空调配气系统的工作过程：车外新鲜空气+车内循环空气进入鼓风机→空气进入蒸发器芯体进行冷却→由风门调节进入加热器芯体→进入各出风口。

请读者思考一个问题：

汽车空调配气系统的工作原理是怎样的？

五、吉利帝豪 EV450 汽车空调控制系统

电动空调控制系统与传统汽车空调控制系统的基本原理相似，区别在于电动空调系统采用电动空调压缩机；而传统汽车主要使用往复式压缩机或旋转式压缩机。电动空调压缩机由驱动电机、压缩机、控制器等组成，图5-8所示为吉利帝豪EV450汽车的AC空调控制系统。

空调控制面板采集按键信息，将信息通过LIN总线发给AC空调控制器，为AC空调控制器采集车内温度传感器、车外温度传感器、空调压力开关、蒸发器温度传感器、加热器温度传感器等信号，对鼓风机电机、风向调节电机、冷暖风调节电机、内外循环电机、电动压缩机、PTC加热器、制冷电磁阀、热交换电磁阀、PTC加热器水泵P1、PTC加热器水泵P2、PTC加热器水泵P3三通电磁阀等进行控制。此外，AC空调控制器还通过LIN总线与PM2.5模块进行交互，完成乘员舱空气洁净控制。

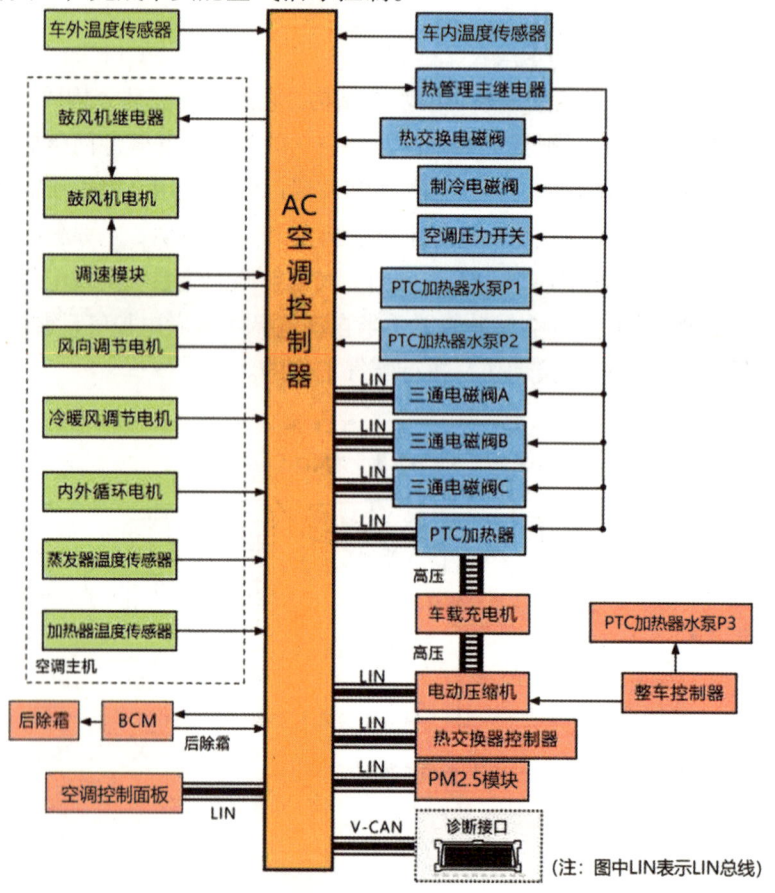

图 5-8　AC 空调控制系统

吉利帝豪EV450空调控制系统的温度传感器包括车外温度传感器、车内温度传感器、蒸发器温度传感器、加热器温度传感器，这些传感器都采用了热敏电阻传感器。AC空调控制器根据温度传感器信号通过内外循环电机、冷暖风调节电机、鼓风机等来控制空调及乘员舱的温度。车外温度传感器位于车辆前保险杠下面的前格栅之内，AC空调控制器使用这个传感器来获知周围空气温度信息，在仪表板上显示外部温度。温度为25℃时，车外温度传感器电阻为2.2±0.066 kΩ。温度传感器电路如图5-9所示。

环境光及阳光传感器位于仪表板上部装饰衬垫的左侧，电路图如图5-10所示。环境光及阳光传感器属于光照能量传感器，该传感器可测量阳光照射到车辆所产生的热量，为AC空调控制器提供更多的环境参数。AC空调控制器根据车外光照强度和车内空调工况，自动调整空调风量和冷风/热风混合比例，让所有乘员均能获得较为舒适的体验。

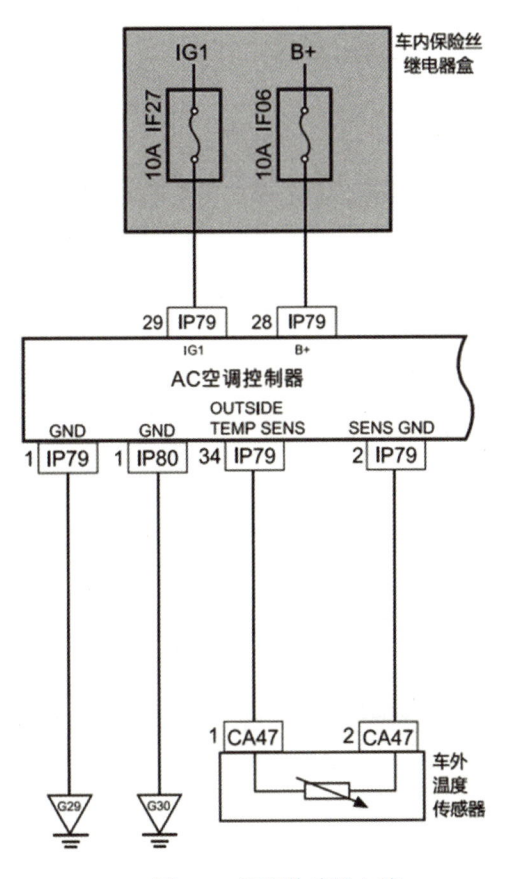

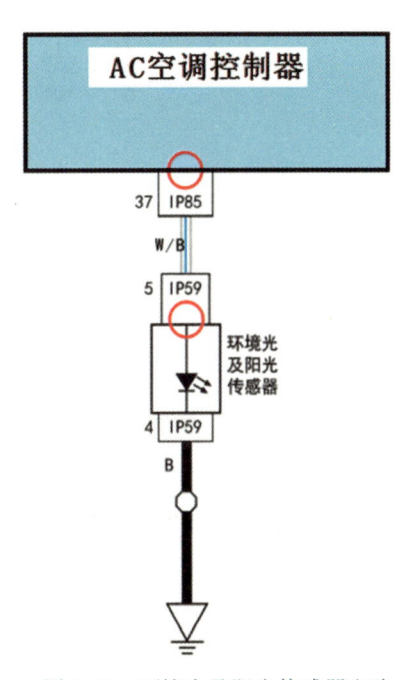

图 5-9　温度传感器电路　　　　图 5-10　环境光及阳光传感器电路

空调箱总成位于仪表板内，由鼓风机电机、鼓风机调速模块、空调滤清器、加热器、蒸发器、膨胀阀、冷暖风调节风门总成、风向控制风门总成、内外空气调节风门总成和通风风道等构成。鼓风机总成由永磁型电机、轴流式风扇组成，鼓风机转速由鼓风机调速模块控制。鼓风机和各风门调节电机及其控制电路如图5-11所示。

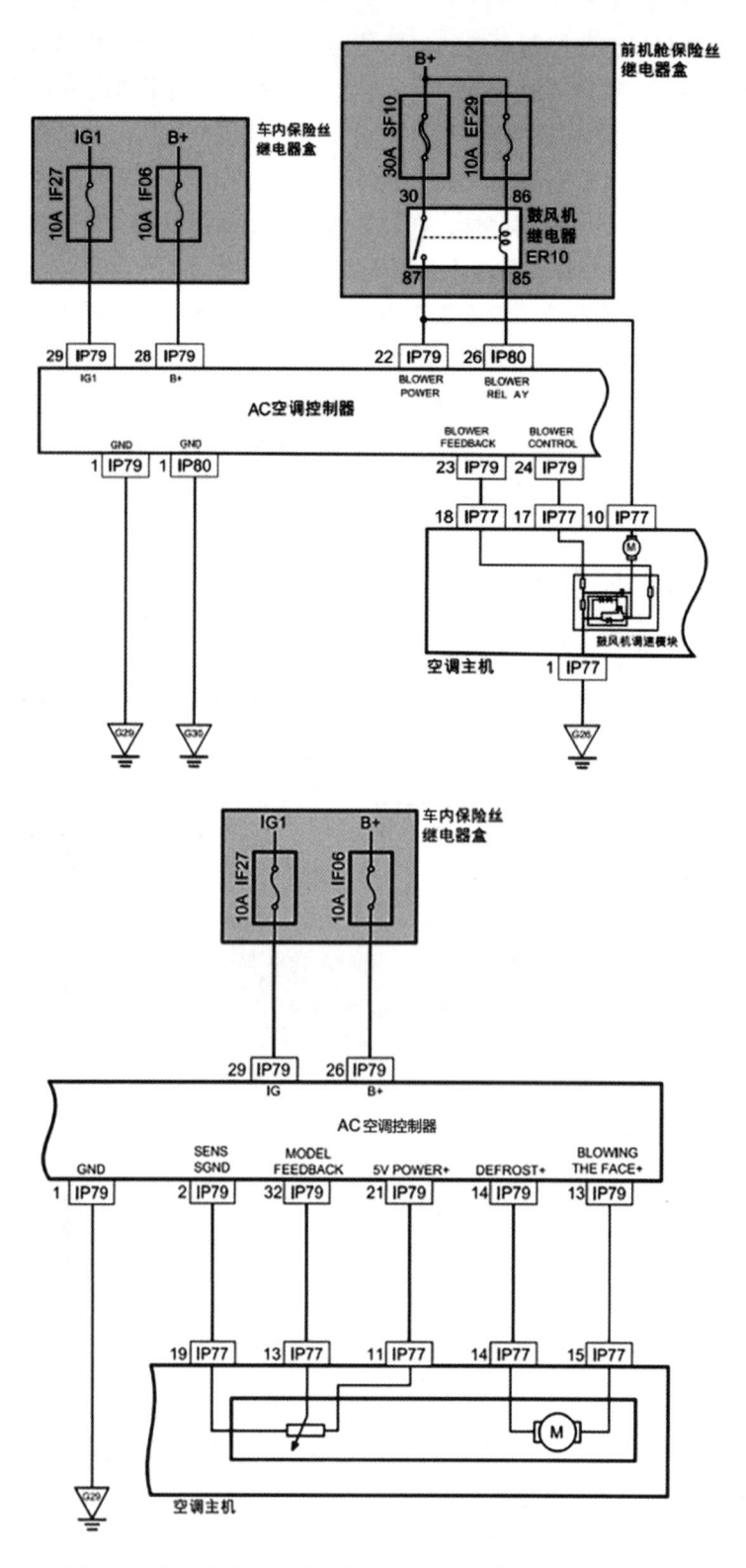

图 5-11 鼓风机电机和各风门调节电机及其控制电路

空调压力开关属于三态压力开关，它根据空调制冷剂的压力值，打开或关断压力开关，传送空调系统压力信号，实现空调系统的压力控制，其电路如图5-12所示。制冷管路中的电磁阀属于开关控制阀，它在电池冷却时关闭制冷剂通路。当高压侧压力$0.196\text{MPa} \leq p \leq 3.14\text{MPa}$时，允许压缩机启动，否则实施高压保护，压缩机停止工作。当高压侧压力大于1.77MPa时，启动冷凝风扇高速转动；当高压侧压力小于1.37MPa时，冷凝器风扇低速转动。

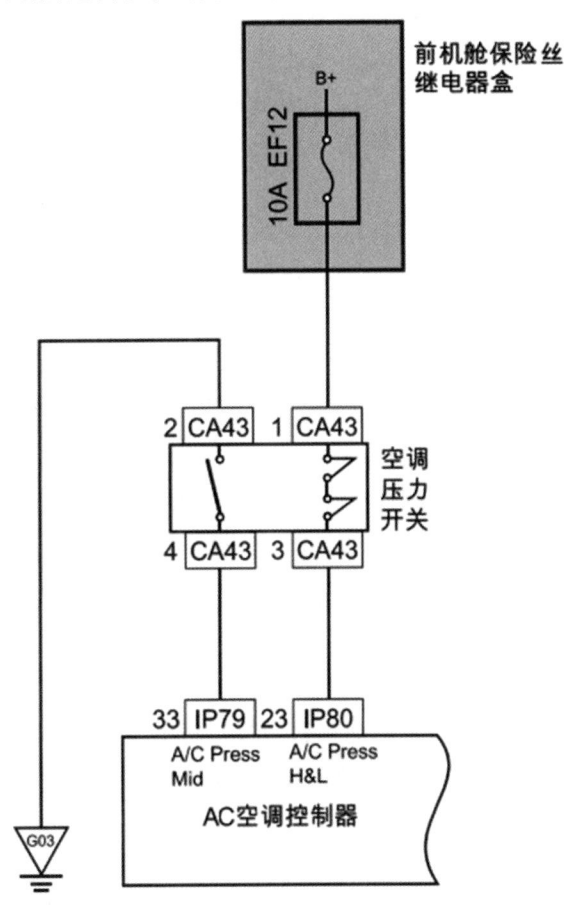

图 5-12　空调压力开关及其控制电路

请读者思考以下问题：
空调控制系统组成部件有哪些？

实训任务一　汽车空调鼓风机的检测

吉利帝豪EV450汽车空调鼓风机故障导致空调不出风，影响车内温度调节，请你对EV450汽车空调鼓风机进行检测。

1. 任务实施准备

安全防护：做好车辆安全与隔离（轮胎挡块、警示隔离带、高压危险警示牌）。

工具设备：数字万用表、歧管压力表、故障诊断仪。
实训车辆：吉利帝豪EV450。
辅助资料：汽车原厂维修手册、原厂电路图。

2. 收集信息

空调系统中的鼓风机为离心式鼓风机，离心式鼓风机的工作原理与离心式通风机相似，只是空气的压缩过程通常是经过几个工作叶轮在离心力的作用下进行的。鼓风机有一个高速旋转的转子，转子上的叶片产生风力推动空气高速运动，沿着渐开线流向鼓风机出口，高速的气流具有一定的风压。新鲜空气由几个出风口进入车内。

（1）初步检查。

启动汽车，并保持怠速转速为1250～1500r/min，打开空调开关，把鼓风机开关置于0挡，此时送风口应有微风出来。调整风量挡位，从低挡到高挡分别设置不同的调速挡，每挡让风扇旋转约5min，检查其吹出的风速是否有变化。若没有变化，则有可能是开关或调速电路有故障。

（2）鼓风机开关的检查。

拆开风扇开关，测量各挡位的导通情况，当风扇开关置于"0"位时，A、B、C、D、E、F、G都不导通；当置于"1"位时，B、A、D之间相互导通；当置于"2"位时，B、A、E之间相互导通；当置于"3"位时，B、A、F之间相互导通；当置于"4"位时，B、A、G之间相互导通。如果在上述检查中有任一者不正常，再行确认状态依旧时，便可更换鼓风机的风扇开关。

（3）鼓风机的检查。

① 鼓风机电机的检查。将蓄电池正极与鼓风机的端子2相连，负极与端子1相连，然后检查电机运行情况。电机旋转应平稳无异响，否则应更换鼓风机电机。

② 鼓风机电阻器的检查。鼓风机电阻器安装在鼓风机外壳上，与鼓风机串联起来，可用万用表检测。测量电阻A时，应为3～4Ω（不同的车辆稍多差别），测量电阻B时，应为0.8～1.2Ω，否则应更换。也可测量连接器插头2、3之间的电阻，应为3～4Ω；4、5之间的电阻应为0.8～1.2Ω。

请读者思考以下问题：

鼓风机的检测项目有哪些？

（1）吉利帝豪EV450空调鼓风机由继电器_____供电，AC空调控制器通过_____信号进行控制。

（2）鼓风机的连接器编号为_____，AC空调控制器的连接器编号为_____。

（3）鼓风机转速可由AC空调控制器根据_____的设定温度、风量和温度传感器信号自动控制。

（4）在吉利帝豪EV450汽车的空调系统自动循环模式（AQS模式）中，内循环保持_____min时，自动强制切换为外循环并保持_____。

（5）吉利帝豪EV450汽车的配气系统由_____、_____、_____等组成。

3. 任务实施

（1）作业前准备工作［布置场地、穿戴防护装备、检查仪器设备、安装汽车防护三件套（即座椅套、脚垫、方向盘套）］。

（2）记录车辆信息。

（3）用故障诊断仪读取故障码。

（4）检查鼓风机，保险丝EF29、SF10。

（5）检查鼓风机电源电压。

（6）检查鼓风机继电器ER10。

（7）检查鼓风机的控制与反馈信号线束。

（8）清理并恢复场地。

实训任务二　汽车空调鼓风机及调速模块的更换

1. 任务实施准备

安全防护：做好车辆安全与隔离（轮胎挡块、警示隔离带、高压危险警示牌）。

工具设备：数字万用表、歧管压力表、故障诊断仪、制冷剂回收加注机。

实训车辆：吉利帝豪EV450。

辅助资料：汽车原厂维修手册、原厂电路图。

2. 收集信息

汽车空调系统鼓风机主要由电机、风扇叶、风扇框、壳体等组成。其中，电机采用无刷电机，避免了过去有刷电机易损坏的问题，提高了耐用性。风扇叶采用高强度材料制成，能够产生强劲的风力，满足汽车空调的制冷或制热需求。汽车空调鼓风机转速取决于鼓风机调速模块控制。

请读者思考以下问题：

（1）放置汽车空调鼓风机电机时，不可将_____作为支撑面，以防损坏叶片。

（2）吉利帝豪EV450汽车空调鼓风机总成由_____、_____、_____等组成。

（3）吉利帝豪EV450汽车空调鼓风机调速由_____控制_____完成。

（4）吉利帝豪EV450汽车空调鼓风机及调速模块电路图的所在页码为_____。

（5）吉利帝豪EV450汽车空调鼓风机风速共分为_____挡。

3. 任务实施

（1）打开前面罩，找到空调滤芯。

（2）操作空调控制面板，使空调处于外循环状态。

（3）拆下空调滤芯。

（4）找到调速控制模块，用十字螺丝刀将固定调速模块的两个标准件松开，取出调速模块，将新的调速模块更换上去，并将标准件拧紧，此时去操作空调控制面板，查看故障是否消除。如故障消除，则将空调滤芯重新装上，盖上前面罩，更换工作完成。

请读者思考以下问题：

汽车空调鼓风机及调速模块的更换步骤有哪些？

实训任务三　汽车空调蒸发器温度传感器的检测

1. 任务实施准备

安全防护：做好车辆安全与隔离（轮胎挡块、警示隔离带、高压危险警示牌）。

工具设备：数字万用表、歧管压力表、故障诊断仪、制冷剂回收加注机。

实训车辆：吉利帝豪EV450。

辅助资料：汽车原厂维修手册、原厂电路图。

2. 收集信息

空调控制系统的温度传感器包括车外温度传感器、车内温度传感器、蒸发器温度传感器、加热器温度传感器，这些传感器都是负温度系数热敏电阻传感器。AC空调控制器根据温度传感器信号通过内外循环电机、冷暖温度风向控制电机、鼓风机调速模块等来控制空调温度。车外温度传感器位于车辆前保险杠下面的前格栅区域，AC空调控制器使用这个传感器来获知周围空气温度信息，在仪表板上显示外部温度。温度为25℃时，车外温度传感器电阻为（2.2±0.066）kΩ。

（1）放置鼓风机电机时，不可将_____作为支撑面，以防损坏叶片。

（2）吉利帝豪EV450汽车的蒸发器温度传感器电路图所在的页码为_____。

（3）吉利帝豪EV450汽车的蒸发器温度传感器连接器编号为_____，AC空调控制器侧蒸发器温度传感器信号端子为_____。

（4）蒸发器温度低于_____℃，压缩机停止工作。蒸发器温度增加至_____℃以上，压缩机可启动。

（5）温度为25℃时，蒸发器温度传感器电阻为_____kΩ。

（6）画出EV450蒸发器温度传感器的电路简图。

3. 任务实施

（1）将启动开关打至ON挡。

（2）连接故障诊断仪，读取蒸发器温度传感器信号。

（3）检查蒸发器温度信号显示温度是否过低（标准＞2℃）。

（4）查阅蒸发器温度传感器电路。

（5）检查蒸发器温度传感器电路，检测IP77/20端子与IP85/35端子，IP77/19端子与IP85/2端子之间的电阻值。

0℃：4.5～5.2kΩ；

15℃：2～2.7kΩ。

我们在了解汽车空调蒸发器温度传感器原理的基础上，可进一步掌握汽车空调蒸发器温度传感器检测的方法。

请读者思考以下问题：

汽车空调蒸发器温度传感器的作用及其检测步骤。

参 考 文 献

[1] 王景智，马博，王旭. 新能源汽车电动空调、转向和制动系统检修[M]. 北京：机械工业出版社，2022.

[2] 敖克勇，周其江. 新能源汽车电子电气、空调技术[M]. 北京：机械工业出版社，2023.

[3] 吉利汽车集团. 吉利帝豪 EV450 汽车用户手册[Z]. 杭州：吉利汽车集团，2022.

[4] 张建强，李永玲. 电动汽车空调系统的现状与发展趋势[J]. 制冷与空调，2019，19(1)：1-5.

[5] 电动汽车技术网. 新能源汽车空调系统解析与故障案例[OL]. [2024.5].

[6] 吉利汽车官方论坛. 吉利 EV 系列车主交流区[OL]. [2024.5].